RECETAS FÁCILES PARA ALMAS DESCARRIADAS

RECETAS FÁCILES PARA ALMAS DESCARRIADAS

Compra bien, conserva y cocina rico

Recetas **SUSANA PÉREZ**
Fotografías **JESÚS CEREZO**

webos fritos

Grijalbo

Primera edición: septiembre de 2022

© 2022, Susana Pérez, por el texto
© 2022, Jesús Cerezo, por las fotografías
© 2022, Penguin Random House Grupo Editorial, S.A.U.
Travessera de Gràcia, 47-49. 08021 Barcelona

Printed in Spain – Impreso en España

Diseño: Penguin Random House Grupo Editorial / David Ayuso
Compuesto en Fotocomposición gama, sl

ISBN: 978-84-18055-10-2
Depósito legal: B-11.871-2022

Impreso en Gráficas Estella
Villatuerta (Navarra)

DO 55102

*Para Eva, mi hermana, a la que siempre pongo
de ejemplo de alma descarriada de la cocina.
En realidad, yo creo que lo que quiere es que
le mandemos algún táper, porque cuando
se pone, todo le sale bien rico.*

ÍNDICE

Minidiccionario para almas descarriadas 8

Compra bien, conserva y cocina rico 11
    Cocina fácil para almas descarriadas 12
    La importancia de la compra 13
    Tu frigorífico 16
    La despensa 19
    Lo que debes tener en el congelador 26
    Conservación de otros alimentos 28
    Preparaciones imprescindibles 32
    El arte de reciclar unas sobras 46
    Los trucos infalibles 48
    Los utensilios imprescindibles para mis almas
       descarriadas 52

   Recetas
    Sin guisar 55
    A la sartén 75
    En cazuela 99
    En olla exprés 119
    Al horno 134
    Para microondas 157
    Para freidora de aire 177

Agradecimientos 203
Índice de recetas 204
Índice de ingredientes 206

MINIDICCIONARIO PARA ALMAS DESCARRIADAS

A veces las personas que cocinamos desde hace años y nos dedicamos a comunicar nuestros conocimientos damos por hecho que todo el mundo conoce términos muy concretos y quizá nada usuales para los oídos de mis almas descarriadas de la cocina.

Vengo a remediar esto con un corto glosario de términos explicados que aparecen en este libro y que espero que te ayuden.

AZÚCAR GLAS

Es azúcar de mesa pulverizado hasta convertirlo en un polvo muy fino. Sus cristales son fragmentos con un tamaño inferior a 0,15 mm. Usamos azúcar glas para decorar tartas, endulzar claras montadas, hacer merengues y otros muchos usos más.

BAÑO MARÍA

Consiste en situar el recipiente en el que se encuentra la preparación en otro de mayor tamaño que contiene agua en ebullición. En cualquier caso, hay que evitar por todos los medios que el agua hierva con excesiva fuerza y penetre en la preparación.

Según dispongamos el cuenco que contiene el alimento que vamos a guisar, podemos distinguir dos métodos distintos:

- Hacer un baño maría en seco, cuando el recipiente que contiene el alimento no entra en contacto con el agua del recipiente más grande. Este método es ideal para fundir chocolate, porque garantiza que el agua hirviendo no salpique dentro del cuenco del chocolate. Solo se puede hacer al fuego.

- A contacto, cuando el recipiente que contiene el alimento está sumergido en el agua hirviendo, por lo que la temperatura es más alta. Puedes hacerlo en el fuego, para calentar un alimento o una salsa, o en el horno, para que cuajen determinadas preparaciones de una manera uniforme.

CENTRIFUGADORA DE LECHUGAS

Con este aparato podrás limpiar y secar fácilmente las hojas de lechuga o de cualquier otra verdura. El proceso es muy sencillo: coloca las hojas dentro del cesto del aparato e introdúcelo en su recipiente base. Llénalo de agua fresca y limpia, procurando que la verdura quede cubierta de agua. Remueve suavemente las hojas para limpiar restos de tierra. A continuación, extrae el cesto, tira el agua y vuelve a colocarlo en la base. Pon la tapa y acciona el mecanismo giratorio para centrifugar las hojas de lechuga o de la verdura que sea; quedan perfectas.

HARINA DE FUERZA

Se llama harina de fuerza a la harina que está hecha a partir de las variedades de trigo común con mayor contenido en gluten. El gluten es una proteína elástica responsable de que las masas no pierdan su forma y retengan mejor el gas de la fermentación. Es fácil encontrarla en los supermercados y nos sirve para hacer pan, pero sobre todo para hacer masas levadas dulces como brioches, roscón de Reyes y otras muchas más.

HARINA PANADERA

Se llama harina panadera o panificable a la harina con una fuerza intermedia entre la floja (de repostería) y la fuerte (de bollería). Si no tienes, mezcla floja y fuerte a mitades. Los panes caseros se desarrollan muy bien con ella. La podrás encontrar en tiendas especializadas en productos para hacer pan y en algunos supermercados. Cada vez más marcas indican el valor de la fuerza con una W. Una harina floja tiene W100, una panadera de 120 a 200, y la de fuerza más de 300. A un alma descarriada esto puede sonarle muy complicado, pero es tan fácil como leer el envase de la harina.

MAJADO

Es una técnica de preparación que consiste en machacar hasta reducir a pasta o polvo un producto en el mortero para introducirlo en otra preparación, con el fin de enriquecer la receta o mejorar su textura final.

MANO DE MORTERO

Es la parte móvil del mortero, la que se usa para triturar el ingrediente que se quiere reducir, a base de golpearlo contra la base del mismo en un proceso repetitivo, hasta conseguir la textura deseada.

NATA CON MÁS DEL 35 % DE MATERIA GRASA

Es la nata que normalmente se usa para montar. El porcentaje más corriente en las marcas comerciales para montar es el 35 %, pero que

sepas que, si la encuentras con algo más, esa mínima diferencia de porcentaje es suficiente para que tu nata monte mejor, tenga más cuerpo y se mantenga firme más tiempo.

PASAPURÉS

Es un utensilio básico para triturar. Se coloca el alimento dentro de él y basta con girar la manivela en sentido horario para obtener el alimento triturado por las perforaciones de la criba.

Tiene unas claras ventajas frente a la batidora, ya que esta tritura todo lo que lleve la salsa. Con un pasapurés se descartarán las pieles y las semillas de los ingredientes, consiguiendo con ello una textura más fina que la que se obtiene con la batidora. Además, el pasapurés no altera el color de las salsas y no introduce aire en las salsas o en las cremas.

REPULGAR

Consiste en dar forma al borde de las masas levantándolo poco a poco y doblándolo de fuera hacia dentro hasta formar un cordón enrollado y conseguir de esta manera que no se salga el relleno de su interior.

SAL EN ESCAMAS

Las escamas son fruto de una cristalización controlada de humedad, temperatura y presión del agua del mar. Cada escama es una pequeña pirámide de sal con una textura delicada y crujiente.

UNA PIZCA DE SAL

Es la cantidad que podemos tomar uniendo las yemas de los dedos índice y pulgar, cogiendo la sal como si quisiéramos dar un pellizco. La medida es aproximadamente 1 g de sal.

COMPRA BIEN, CONSERVA Y COCINA RICO

COCINA FÁCIL PARA ALMAS DESCARRIADAS

Siempre me ha gustado cocinar. He aprendido de la mejor maestra que puedo tener, mi madre. También he invertido parte de mi tiempo y mis ahorros en formarme con grandes chefs, en España y en Francia, de los que he absorbido como si no hubiese un mañana sus mejores trucos, su buen hacer y su gusto en la alta cocina. Pero donde realmente disfruto es transformando todas esas enseñanzas y técnicas en algo sencillo para mis seguidores, a los que también les gusta la cocina, pero, o carecen de la experiencia suficiente, o no tienen mucho tiempo que dedicarles a los fogones o, simplemente, no les gusta cocinar aunque adoran comer bien.

Personalmente le doy mucha importancia a otros procesos previos y posteriores al cocinar, como la compra, la conservación de los productos y la reinvención de las sobras en un plato mejor. Son cuestiones muy importantes y necesarias, en primer lugar, para hacer más fácil nuestro paso por la cocina, pero también por valores: el desperdicio cero tiene que empezar en nuestro hogar.

Al final, todas estas ideas y vivencias impregnan este libro que tienes en tus manos, querido lector, y a ellas sumo mi experiencia con un conjunto de utensilios que te pueden servir para cocinar en menos tiempo, con menos trabajo y facilitando parte de los procesos.

Parte de este contenido se traduce en recetas: unas, para esos días en los que no te apetece guisar; otras, para cuando quieres disfrutar de esa buena sartén que al final te has comprado después de echarle el ojo durante tanto tiempo; o para hacer ese buen guiso de cuchara en tu cazuela favorita; o esa otra receta que se hace en la olla exprés mientras te cambias de ropa, nada más llegar a casa; o cualquier otra en el horno, en tu microondas o en la freidora de aire, ese aparato que ha llegado para quedarse en muchas casas, en concreto en la mía, ¡no puedo estar sin ella!

Al final, nos guste más o menos la cocina, comer hay que comer, y mejor bien que mal, con lo cual quiero ayudarte a facilitar los procesos, a que tengas recursos para salir con solvencia en el día a día, gastronómicamente hablando, y lo mejor que interiorices que ser jefe o jefa de tus fogones y saber los ingredientes que pones en tus guisos te da el poder sobre aspectos que personalmente considero muy importantes: economía, salud y placer en cocinar a tu gusto y al de los tuyos.

Querida alma descarriada de la cocina, te dejo con este libro para que te ayude y también para que disfrutes y te inspires con las fotografías que ilustran estas páginas. Me hará muy feliz recibir la versión de tus recetas a través de mis redes sociales, una ventana abierta que nos permite desde hace unos años comunicarnos constantemente y aprender unos de otros.

¡Gracias por leerme!

LA IMPORTANCIA DE LA COMPRA

La compra es el primer eslabón de una cadena importante, la de nuestra alimentación, donde cocina y compra están íntimamente ligadas.

DECÁLOGO PARA HACER LA COMPRA

1. **Prioriza**

   En la vida todo es cuestión de prioridades. Para hacer bien la compra tienes que renunciar a algo de tu tiempo de ocio. Más que pensar en lo que te gusta o no de la compra, evalúa las consecuencias positivas que tiene una compra bien hecha:

   - Tendrás productos frescos y elegidos a tu gusto o presupuesto.
   - Comprarás los mejores ingredientes escogidos para tus menús planificados.
   - Aprovecharás las ofertas más interesantes.

   Como verás, todo esto influye directamente en tu salud y en tu economía.

2. **Elige**

   Elige lo que mejor te venga: el mercado más próximo o un buen supermercado, sin descuidar la tienda pequeña de barrio de toda la vida, que igual tiene algún producto que te interesa.

   Si vives en una ciudad pequeña, es más fácil hacer la compra en un mercado y complementarla en otro tipo de establecimientos. Si, por el contrario, tu ciudad es grande, tendrás que valorar dónde comprar. Eso sí, cuando tengas que abastecerte de productos frescos en un supermercado, te recomiendo buscar uno donde no vengan envasados en bandejas, sino que puedas comprar la cantidad idónea para tu casa. En el caso de las carnes tendrás, además, el añadido del corte reciente.

3. **Invierte y sé constante**

   Dedicar tu tiempo a hacer la compra no es perderlo, es invertir en tu salud y en la de los tuyos, y planteártelo así es algo maravilloso. Pero esto no es inmediato ni fácil de conseguir: adquirir el hábito de comprar con tranquilidad y cabeza lleva su tiempo, por eso te recomiendo tirar de refranero: el que la sigue, la consigue. ¡Sé constante!

4. **Piensa**

   La compra comienza antes de salir de casa: piensa los platos de tu menú semanal y haz una lista con los productos que te hacen falta.

   Pero nada más salir a la compra debes ir con la mente abierta. Si hay una buena oferta de un producto que no estaba en tu lista, valórala y cambia sobre la marcha. Un ejemplo: vas con la idea de preparar una receta con merluza y, por narices, quieres hacerla. Pero resulta que el pescadero, de quien ya te vas haciendo amigo, te dice mientras te guiña un ojo:

—No te lleves la merluza, llévate el bonito, que está fantástico.

Sé receptivo a estos cambios basados en la confianza con las personas que están atendiendo en sus puestos, porque ellos saben mejor que nadie lo que venden.

Piensa también en tener un presupuesto de lo que te puedes gastar en comida; esto te ahorrará caprichos innecesarios, aunque, de vez en cuando, ¡permítete alguno!

5. Fondo de despensa

Ten siempre en casa un fondo de despensa con ingredientes básicos que te saquen de cualquier apuro. Se pueden comprar una vez al mes y descargan un montón la compra semanal. De la importancia de este tema hablo en el siguiente capítulo.

6. Confianza

También te puede ayudar comprar algún producto por internet. Yo lo hago con el aceite, las harinas, las conservas y, cuando es temporada, las naranjas, que aguantan muy bien el transporte. En definitiva, se trata de buscar tus sitios de confianza, al igual que lo haces con los establecimientos físicos.

7. Habla y mira

Habla con quien te despacha. Mírale a los ojos. Sonríele. Gánate su confianza

semana tras semana, y será tu mejor aliado.

El mecanismo expendedor de tiques es un invento magnífico, pero encuentro deliciosa una vuelta a la antigüedad:

—¿Quién es el último?

Y mientras te toca, entretente mirando. En la frutería puedes ver lo que han traído de novedad esta semana o ir pensando si vas a hacer la receta que tenías pensada u otra.

8. Aprende

Interésate por el producto que compras. Con las prisas no siempre se puede hacer un máster sobre el tipo de queso que te llevas, por ejemplo, pero si un día estás más relajado y hay menos clientes, mira, analiza y pregunta qué quesos hay: los que tienen denominación de origen, alguno especial que te llame la atención, si son de marca blanca o quién es el fabricante... Cualquier detalle es importante para aumentar el conocimiento sobre lo que compramos y comemos.

9. Paciencia

Si vas con niños todo se ralentizará. Pero igual que inviertes en unas buenas clases de inglés, ¿por qué no le echas paciencia al asunto y dedicas un poco de tiempo a enseñarles algo sobre los ingredientes o, al menos, a educarlos para que sepan algunas cosas más de los productos que comen? Lo sé, es difícil, pero no imposible.

10. Y orden

Coloca la compra cuando llegues a casa:

- Clasifica bien los productos.
- Mete lo congelado enseguida en el congelador.
- Organiza la carne y el pescado.
- Saca la fruta de las bolsas y colócala en los cajones del frigorífico. Analiza la que tiene que madurar un poco todavía para dejarla fuera.
- Coloca lo más antiguo delante para gastarlo antes.

En definitiva, dedica a cada alimento la importancia que le corresponde. Tal y como lo coloques, así te lo vas a encontrar.

Ahora, con todo recogido y el momento de la compra resuelto, del que hemos disfrutado lo más posible —o por lo menos lo hemos intentado—, la cocina empieza de otra manera, con otra actitud más relajada y positiva.

Lo sé, es complicado cambiar los hábitos del día a día con todas estas pautas, porque si a la compra le dedicas tiempo, te habrás quedado sin hacer otras cosas que te apetecen. Pero piensa que estás apostando por hacer tu paso por la cocina más feliz, sin tanto estrés, y todo esto repercute favorablemente en muchos aspectos en toda la familia.

VOLVER AL MERCADO

¿Eres de los que salen del trabajo, pasas por los lineales del supermercado y metes en el carrito tu compra sin apenas pensar, corre que te corre? Yo hace años era así, pero hace mucho tiempo que me planteé disfrutar del mercado y, desde que mi madre vive en casa, nos ponemos unas zapatillas deportivas, cogemos el carrito al más puro estilo *Cuéntame* y vamos caminando, haga el tiempo que haga. Vivimos en una ciudad que no es muy grande y podemos hacer este paseo en un tiempo razonable.

El mercado ofrece unas ventajas claras y objetivas:

- Un trato más cercano y personalizado por parte de los vendedores que, generalmente, te aportan su experiencia.
- Son especialistas en productos frescos y podemos encontrar ofertas en productos de temporada.
- Hay mucho producto de proximidad o kilómetro cero: apoyamos la economía local, además de la vida que le dan los mercados al barrio.
- Cuando te conocen, te ofrecen productos adaptados a tus gustos y necesidades.
- Y una cosa para mí importante es que, a la hora de solicitar cantidades o tipos de corte, tienes mayor flexibilidad que en un supermercado.

TU FRIGORÍFICO

¿QUÉ PRODUCTOS FRESCOS DEBEMOS TENER EN NUESTRO FRIGORÍFICO?

Evidentemente prima el gusto de los miembros de la familia y el tipo de alimentación que llevemos. Te sugiero lo que a mí me gusta tener, por si te da ideas.

HORTALIZAS Y VERDURAS

- **Zanahorias**
  Imprescindibles en mi cocina para muchas recetas: crudas, en ensaladas, cocinadas junto a otras verduras, para acompañar a mis escabeches, para un montón de recetas dulces...

  Al comprar zanahorias debes fijarte en que tengan la piel suave, que sean de mediano tamaño y de un color naranja vivo, que estén bien formadas, con un estrechamiento uniforme y que no presenten raíces laterales. A mí me gusta comprarlas con sus hojas: un buen color verde y tersura me indican su frescura.

  Para guardarlas hay que cortar esta parte verde, envolverlas en un papel de cocina humedecido y meterlas dentro de una bolsa de silicona de las que venden para esta función, y que además son reciclables, o con plástico transparente.

- **Calabacines**
  En casa no pueden faltar. Los uso principalmente para cremas, frecuentes en nuestras cenas, para hacerlos a la plancha y para pisto.

- **Puerros**
  Si me sigues en redes sociales, ya sabrás que el puerro en mi casa es algo más que un ingrediente. Nos encanta y le damos estos usos:

  - Las raíces se pueden freír y poner de adorno, por ejemplo, en una crema de puerros o como aperitivo.
  - La parte más blanca es la más usada por todos y sirve para infinidad de recetas. Tiene un sabor muy delicado y una textura perfecta para incorporar en tus platos.
  - Y de la parte verde hay que distinguir dos zonas: la más cercana a la blanca, que todavía es tierna y se puede utilizar para cremas y sofritos, y la parte más extrema y verde, que es la más dura y te puede servir para dar buen sabor a tus caldos.

  Para guardarlos en los cajones de tu frigorífico, lávalos bien para quitarles la tierra que tengan entre las hojas verdes, sécalos, córtalos en trozos grandes, envuélvelos con papel de cocina humedecido y a una bolsa de silicona. Como las zanahorias, se conservan en perfectas condiciones durante mucho tiempo.

- **Otras verduras**

  En casa se come verdura a diario, por la mañana, por la noche o, si me apuras, en todas las comidas, con lo cual en mi frigorífico no faltan judías verdes, acelgas, berenjenas, lechuga, brócoli, tomates y, dependiendo de la temporada, repollo, coliflor, alcachofas o espárragos.

FRUTAS

Procuro comprar frutas que estén cerca de su punto de maduración, pero no maduras del todo, prefiero que ese punto lo alcancen ya en casa. Me gusta comprobar cuándo están para comer o, si ya han alcanzado el punto perfecto que considero necesario, las conservo unos días en el frigorífico. No todas las frutas admiten bien la refrigeración: los plátanos, por ejemplo, cogen un aspecto negruzco en su piel, aunque por dentro tengan buen sabor. Lo mismo les pasa a los aguacates.

Las más delicadas, como las fresas o las uvas, requieren frigorífico, y otras muchas, como los cítricos, melones, sandías o kiwis, no hace falta mantenerlas en frío, por lo menos hasta empezarlas.

Para conservarlas bien te aconsejo poner unas bolsas de papel en el cajón del frigo y clasificar las frutas en ellas, así alargas su duración. De vez en cuando tienes que revisarlas, porque si una pieza está tocada, y no te das cuenta, puede echar a perder a las que tiene al lado.

HUEVOS

Siempre que puedo procuro comprarlos ecológicos o, si no, de gallinas camperas. Se guardan sin lavar y, a ser posible, en su estuche. Así mantendrás la protección natural de la cáscara del huevo frente a microorganismos externos, olores extraños o humedad. Además, siempre tendrás a mano la información importante del etiquetado, como la fecha de consumo preferente. El envase protege también al huevo de los cambios de temperatura que se producen cuando abrimos frecuentemente el frigorífico.

Te preguntarás por qué no están refrigerados en las tiendas, y es porque la variación térmica, especialmente de frío a calor, no es buena para el huevo. Por esta razón no se refrigeran durante su distribución ni en el punto de compra, y por esto mismo en casa se deben sacar del frigorífico solo los huevos que se vayan a emplear.

OTROS PRODUCTOS

El resto de productos que ocupan mi frigorífico son yogures, quesos, embutidos, leche, mantequilla y la carne y pescado (que el día antes de su consumo he pasado del congelador al frigorífico). Siempre los guardo bien protegidos para que no se resequen.

Si en tu nevera tienes que guardar comida ya preparada o algún alimento que quieras que te dure unos días en perfecto estado, me parecen muy útiles los recipientes de conservación al vacío.

ORDEN Y LIMPIEZA

EL ORDEN

La puerta y las baldas superiores están destinadas a los alimentos que menos frío necesitan: bebidas, salsas, mermeladas o huevos.

En las baldas intermedias guardaremos los lácteos, embutidos, sobras o cualquier producto que requiera conservación en frío una vez abierto.

Ya en las baldas inferiores, donde se acumula más frío, hay que guardar los productos frescos como la carne y el pescado.

Los cajones que están debajo de las baldas suelen tener mayor temperatura, por lo que debes usarlos para guardar en ellos las frutas y verduras.

LA LIMPIEZA

Para que las bacterias y los malos olores no se instalen en tu frigorífico es importante mantener una rutina de limpieza. Yo la hago cada mes, justo en el momento en que lo tengo más vacío, antes de ir a la compra semanal. A mí me funciona muy bien mantenerlo limpio a diario sin dedicarle mucho tiempo a ello. Solamente ante goteos o derrames de alimentos uso una bayeta húmeda y luego un paño de algodón bien seco.

LA DESPENSA

Si la compra es el primer paso para hacernos más fácil cocinar, la despensa es el siguiente en importancia. En ella has de tener productos básicos que se conserven bien. Cuando empieces a ser más consciente de lo que comes e intentes mejorar tu alimentación, te darás cuenta de que uno de los factores que más pueden dificultar este proceso es no tener un fondo de despensa en condiciones. ¡Vamos a remediarlo!

CONSEJOS A TENER EN CUENTA PARA TU DESPENSA

PROTEGE LAS BALDAS
Usa un material plástico antideslizante que puedas limpiar cuando se ensucie con un paño humedecido. Este material es muy fácil de encontrar en las tiendas de bricolaje. Podrás sacudirlo para eliminar el polvo o restos de productos y así evitarás que la madera de los estantes se ensucie o se deteriore.

POCO Y BUENO
Aquí te aconsejo que sigas el mismo criterio que siempre te doy para el menaje: compra para tu despensa poco y bueno. Es bien importante este apartado porque te va a sacar de más de un apuro cuando no tengas tiempo o pocas ganas de entrar en cocina, que todo puede ser.

DE LO VIEJO A LO NUEVO
Pon los productos más antiguos delante y coloca detrás de ellos los que traigas de la compra. Así evitarás que se acumulen en la despensa sin orden y, sobre todo, que caduquen y los tengas que tirar sin usar.

INSPIRACIÓN TOTAL
Cuando revises las fechas de caducidad, seguro que ese bote del que ni te acordabas y que está a punto de caducar te inspira una comida rápida y rica.

AGRUPA LOS ALIMENTOS
Pon todas las pastas juntas, los arroces, las conservas por tipos... Esto te permitirá localizar fácilmente cualquier producto cuando abras la despensa y tengas que elegir qué vas a cocinar.

LA PEREZA NO VALE
Todos tenemos la tentación de rellenar un tarro de cristal con el contenido de un paquete nuevo cuando queda todavía un resto del paquete anterior. No eches pereza: saca lo poco que quede, gástalo y vierte el contenido del paquete nuevo en el tarro una vez limpio y seco.

REPÓN LO QUE GASTES
Cuando algo de tu despensa se acaba y empiezas un nuevo paquete u otra lata, no se te olvide reponerlo. Piensa en si quieres repetir marca porque estás contento con ella o si prefieres cambiar para mejorar algún aspecto que te ha gustado menos.

ORDEN ES SINÓNIMO DE RAPIDEZ
Una despensa ordenada te ayuda a tener todo localizado. No hay nada mejor que estar cocinando y saber que los productos que necesitas se encuentran colocados y accesibles.

ARMONÍA EN TU DESPENSA

También ayuda cambiar un caos de tarros de diferentes formas y tamaños por otros que sean de dos o tres tamaños diferentes, pero de la misma serie. Esto facilitará tu labor: al abrir tu armario podrás elegir fácilmente lo que buscas.

CUIDA LOS DETALLES

Por muy bien organizada que esté una despensa, es importante la limpieza: que los tarros no tengan huellas, que no haya cercos de aceite o que las baldas no tengan restos de pimentón, sal o pimienta esparcidos.

REPLICA TU DESPENSA

Aunque dispongas de una despensa de ensueño con mucho espacio, es fundamental tener una réplica a pequeña escala con los productos que utilizas a diario justo allí donde cocinas.

INGREDIENTES QUE HAY QUE TENER EN LA DESPENSA

Te doy un truco muy fácil para detectar qué alimentos son imprescindibles en tu despensa: aquellos que tienes almacenados y siguen en perfecto estado a la vuelta de tus vacaciones porque tienen una caducidad amplia y su envasado es perfecto para una buena conservación sin necesidad de refrigeración.

ACEITE DE OLIVA VIRGEN EXTRA

Es imprescindible tener un buen aceite de oliva virgen extra. Además de aprovecharnos de las numerosas propiedades que todos conocemos del zumo de la aceituna, tendremos la garantía de mejorar hasta el plato más sencillo.

Es importante que te fijes que figuran bien claras las palabras aceite de oliva virgen extra. Además, debe incluir una leyenda que explique que se trata de un producto obtenido directamente del fruto del olivo y solo mediante procedimientos mecánicos.

Si no tienes mucha experiencia en la compra, igual no te has fijado nunca que hay muchas variedades de aceite de oliva virgen extra. Yo te explico los platos que mejor quedan con algunas de las variedades más conocidas:

- **Picual**: es el de sabor más intenso, con un toque picante y afrutado. Ideal para usarlo en cremas frías y calientes, pescados marinados, pero especialmente apropiado para frituras por su alta resistencia a la oxidación.
- **Arbequina**: variedad afrutada, aromática y con un sabor delicado. Muy indicada para pescados y repostería.
- **Hojiblanca**: es dulce en su sabor, pero con un matiz picante. Perfecto para las ensaladas, pescados azules como el salmón y el atún, y para aliñar platos de pasta.
- **Cornicabra**: muy rica para ensaladas y masas para pasteles.
- **Royal**: variedad propia de la provincia de Jaén, no tan conocida como las anteriores, pero de sabor muy delicado: me parece que la mayonesa hecha con esta variedad adquiere otra dimensión, ¡qué rica, por favor!

Para conservarlo, siempre en un lugar fresco, sin grandes cambios de temperaturas, aireado y en oscuridad. El aceite se degrada rápidamente con el calor y la luz.

Me encanta probar diferentes variedades, pero en mi despensa no faltan nunca el virgen extra de variedad picual como todoterreno, que compro en formato garrafa, pues sale algo más barato, y para repostería y mayonesa voy rotando entre hojiblanca, arbequina y royal, en formato botella, normalmente de medio litro.

VINAGRE

En casa le damos mucha importancia a un buen vinagre. Además de su uso en las socorridas vinagretas, realza el sabor de otros muchos platos y me parece un condimento fundamental, tan importante en mi casa como para que mi marido no conciba un buen aperitivo de domingo sin unos boquerones en vinagre.

Si no te has especializado en comprar vinagre y coges el típico de supermercado, igual no te has dado cuenta de la gran variedad de vinagres que existen. En casa tengo dos:

- **Vinagre de Jerez**: tiene un periodo de envejecimiento entre los seis meses y los dos años de crianza en madera. Es de un intenso color ámbar con tonos caoba. Es ideal para aderezar infinidad de platos, elaborar reducciones, salsas y, por supuesto, escabeches, tan presentes en mi casa desde siempre.
- **Vinagre balsámico de Módena**: se venden muchos con la palabra «Módena» en su etiqueta, pero solo los que llevan la etiqueta del consejo regulador han sido

elaborados en esa provincia italiana. Su color es oscuro y es un vinagre denso. Se obtiene del mosto triturado de la uva que se cuece y madura a través de una acidificación lenta derivada de la fermentación natural. Queda especialmente bien para aderezar verduras y ensaladas verdes, y como salsa en postres con helado y frutas. Para darle un sabor aún más concentrado y dulce, lo ideal es preparar una reducción que se puede combinar con otros ingredientes como miel o azúcar y las hierbas que más te gusten. Queda espectacular acompañando un secreto de cerdo ibérico a la plancha.

Un buen vinagre no es nada barato, pero para mí es un ingrediente tan importante que prefiero invertir un poco más de dinero en tener uno bueno en mi despensa. Muchas veces no nos importa gastarnos el dinero en una botella de vino que dura una comida, pero ponemos pegas a hacerlo en un buen aceite o vinagre, necesarios para elaborar muchas de nuestras recetas.

SAL

La sal es mucho más que un simple condimento que mejora el sabor de los alimentos: es un aditivo que además evita su descomposición y una fuente dietética de dos elementos imprescindibles para el funcionamiento de nuestro organismo, el sodio y el cloro.

En casa uso de dos tipos:

- Sal común fina yodada para cocinar casi todos mis platos, en la cantidad necesaria y justa para realzar los sabores.

- Sal en escamas para darles su crujiente a las carnes y verduras a la plancha. Seguro que te sorprendo con este uso, poco habitual: la próxima vez que hagas galletas de chocolate, pon unas cuantas escamas encima de cada pieza antes de hornear.

PASTAS SECAS

Creo que este ingrediente no falta jamás en una despensa, es de las cosas más socorridas que existen por su largo plazo de caducidad, pero conviene mantener las pastas en sus envases cerrados. Si ya los has abierto, guárdalas en botes herméticos.

En mi caso siempre tengo dos o tres tipos de pasta seca y dos de fideos, unos de cabello de ángel —los más finos—, que me gustan mucho para una sopa, y otros del n.º 4, que quedan estupendos para preparaciones como la fideuá, en las que se convierten en protagonistas del plato.

ARROZ

Un arroz de calidad en tu despensa es otro imprescindible. Hay de muchos tipos y para todos los gustos, pero te aconsejo que lo compres bueno. Quizá tengas la tentación de hacerte con un arroz barato, pero, créeme, un arroz de calidad —que no es barato— te permitirá tener platos con el grano perfecto: la cocción es mejor e incluso tiene un recalentamiento aceptable.

A mí me resulta muy versátil la variedad bomba. Con arroz, un sofrito y un buen caldo dispondrás de una fantasía de arroces para comer en casa. Además, tiene múltiples usos culinarios: en una magnífica paella, para hacerlo más caldoso con pollo y verduras o con marisco, para rellenar pimientos o tomates, como guarnición de otros platos, o incluso en formato dulce: ¡qué sería de nosotros sin el arroz con leche!

En casa, además, tengo arroz basmati e integral, dos variedades que le encantan a Sara, mi hija mayor, arroces que no se cuecen de la misma manera que la variedad bomba, pero que aportan otras características diferentes e interesantes al menú semanal.

HARINA

En este tema me permito mayores alegrías: ¡en mi despensa hay de todo tipo! Si hay algo que me apasiona es meter las manos en la masa y, como quiero que te enganches a hacer tus panes y tu repostería en casa, te tengo que contar el básico que no te puede faltar:

- Harina floja: la normal, la que venden en el supermercado para todo uso. Te servirá para hacer tus bizcochos, rebozar, preparar bechamel... En definitiva, un imprescindible para tu cocina.
- Harina de fuerza: la encontrarás también en el supermercado. Te sirve para hacer masas levadas dulces, como los brioches o el roscón, y también para hacer pan.
- Harina integral: cada día se impone más en nuestra dieta este tipo de harinas. Con ellas lógicamente no vas a encontrar la textura que te proporciona una harina blanca, pero el sabor y las propiedades que tienen suplen con creces esta diferencia de textura.
- Maicena: para mí, un imprescindible en su versión exprés para arreglar una salsa

que te ha quedado muy aguada, por ejemplo.

Sobre este ingrediente siempre tengo en mis redes sociales dos consultas:

- La primera, sobre si merece la pena comprar los preparados de harina para frituras de pescado hechos a base de harina de trigo, arroz, acidulante y gasificante. Para mi gusto, sí, las frituras quedan muy bien.
- Y la segunda, sobre los preparados de harina que llevan ya la levadura incorporada y que tienen diferentes nombres en el mercado, por ejemplo, harina bizcochona. En este caso no soy partidaria de ellos, prefiero ser yo quien decida sobre la cantidad de levadura que hay que poner.

Una última consideración para guardar adecuadamente las harinas en tu despensa si no quieres que se estropeen, se enrancien o se llenen de gorgojos: si las usas con frecuencia, basta con guardarlas en tarros bien cerrados en un armario fresco y seco, pero se tienen mejores garantías de conservación si se meten en el frigorífico, especialmente a partir de primavera.

PAN RALLADO

Busca siempre un pan rallado grueso: esto hará que tus rebozados queden crujientes. El problema del pan rallado es similar al de la harina, enrancia muy pronto. Una vez abierto el paquete, tienes que mantenerlo en un bote cerrado en un lugar seco y no caluroso y usarlo en un plazo corto de tiempo.

LEGUMBRES

Otro de los puntos fuertes de una despensa. Aunque ahora las venden en cualquier supermercado y en tiendas especializadas online, no quiero dejar de recordar a tantas mantequerías desaparecidas, donde las legumbres presentadas en sacos eran siempre un reclamo para los más gourmets. En la mía no faltan:

- Garbanzos: hay muchas variedades y todas muy ricas. Sin pormenorizar mucho, te encontrarás en el supermercado los de tamaño más grande, mis preferidos, lechosos, arrugados y una vez cocidos con una textura mantecosa que los hace inconfundibles; y los pequeños, redondos y más lisos, bajo la denominación pedrosillano, cuyo hollejo, muy fino, no se desprende durante la cocción, lo que resulta estupendo si los vamos a usar en ensalada o salteados.
- Alubias: es una legumbre que resulta exquisita y de sabor suave. El caldo de su cocción suele ligar muy bien y queda muy espeso y sabroso. Tradicionalmente, suele ir acompañada de piezas de cerdo como chorizo, costilla o morcilla, lo que normalmente conocemos como «judías con sacramentos». Por el contrario, cuando se cocinan únicamente con verdura y con berza, por ejemplo, el plato se suele denominar «alubias viudas».
¿Variedades? Hay muchas, casi tantas como zonas donde se cultivan: blancas, pintas, canela, moradas, verdinas... En casa siempre hay pintas —que tradicionalmente ha hecho mi madre con

arroz y que nos gustan a todos muchísimo—, verdinas —para hacerlas con pescado o marisco— y, cómo no, fabes asturianas.

- **Lentejas**: nosotros siempre hemos usado la clásica lenteja castellana. Es la más grande de todas, de grano ancho, redondeado, aplastado y con forma de lente. Su piel es muy fina y destaca por su ternura y sabor suave.

  Hace un par de años descubrí la lenteja beluga, y desde entonces se ha quedado en mi despensa. Es de color negro, redondeada y diminuta, especialmente sabrosa y se mantiene tersa, suelta tras la cocción. Me resulta de una textura muy fina y delicada.

  Y la otra variedad que puedes encontrar son las pardinas, que toman el nombre de su color. Su tamaño es intermedio entre las dos anteriores. Por su consistencia suave y harinosa se consigue un caldo consistente e integran perfectamente los sabores de los ingredientes que las acompañan.

ESPECIAS

En cuestión de especias cada persona es un mundo. En mi casa no faltan nunca laurel, que empleo en muchos de mis guisos; azafrán, imprescindible en muchos de los platos de mi tierra, Castilla-La Mancha; nuez moscada, obligatoria en mi bechamel; canela, maravillosa en rama o en polvo para mis dulces; el delicioso pimentón de la Vera, en todas sus versiones, dulce, picante o agridulce y otras más aromáticas como el orégano, el tomillo y el romero.

AZÚCAR

No es un imprescindible en todas las despensas, pero en la mía sí, porque lo uso para repostería, tanto el azúcar normal como el azúcar glas. Para desayunos, sin embargo, prefiero el azúcar moreno.

CONSERVAS

Otro de los fuertes en una despensa. No concibo la mía sin unas buenas conservas de:

- Bonito del norte en aceite o en escabeche, como más te guste, para ensaladas, empanadas, gratinados y tortillas, entre otras muchas recetas.
- Espárragos blancos para pasteles salados (secándolos muy bien antes de usarlos), para ensaladas, para tomarlos con mayonesa o con una vinagreta.
- Maíz, me parece que alegra una ensalada de esas de resumen de nevera.
- Guisantes, nunca me faltan para añadir a un guiso de verduras o para un salteado con lo que tenga.
- Aceitunas, imprescindibles. Verdes para ensaladas, negras para pizzas y guisos.
- Encurtidos vegetales para tomar en aperitivos o para añadir a la clásica ensaladilla rusa, aportando un crujiente y un sabor fantásticos.
- Pimientos de piquillo de Lodosa, para rellenar, para tomar en ensalada con bonito, cebolla y huevo cocido, o como guarnición para una carne a la brasa; un acierto seguro.
- Tomate entero o triturado, que fuera de temporada nos puede sacar de más de un apuro.

- Legumbres cocidas, que se han puesto muy de moda en estos tiempos donde impera la prisa, por su comodidad para hacer una receta en pocos minutos o para emplearlas en ensaladas.
- Verduras cocidas (alcachofas, judías verdes, acelgas, etc.) por el mismo motivo que las legumbres: versatilidad y rapidez. Me gustaría darte un consejo: cómpralas de calidad porque tienen un gusto más natural. A veces el punto acidulado para conservarlas es excesivo y a mí me resulta desagradable.
- Mejillones, sardinas, berberechos, calamares, etc. Ya sabes lo que soluciona todo este «laterío».
- Fruta en su jugo, el clásico bote de melocotón o de piña que siempre está en todas las despensas. Aunque parece que nunca se gasta, es una buena opción para cuando alguna vez nos falla el postre o no tenemos fruta fresca.

Y no quiero dejar de mencionar que en la despensa tampoco nos puede faltar un buen conjunto para el desayuno: café, chocolate, infusiones y leche o bebidas vegetales. Teniendo en cuenta que las leches tienen una caducidad más corta, no es la típica cosa que te puedes olvidar en una despensa: una vez abierta, hay que pasarla al frigorífico.

LO QUE DEBES TENER EN EL CONGELADOR

Yo dispongo de un congelador combi con tres cajones y siempre que vuelvo de la compra me parecen demasiado pequeños. Como no tengo sitio para poner un arcón, he agudizado el ingenio y mi manera de colocar las cosas en plan Tetris.

Me gusta rotar entre estas preparaciones e ingredientes.

EN EL PRIMER CAJÓN

- Caldo de cocido. Para una sopa o un consomé. En invierno me produce mucha felicidad poder tomarnos un consomé calentito después de un día de mucho trabajo.
- *Fumet* de pescado. Necesario para montar una sartén de fideos en 10 minutos.
- Una bolsa de verdura congelada. Por ejemplo, cardo, que me encanta. Lo cuezo en la olla exprés y en 10 minutos tengo el primero de una cena.
- Pechugas de pollo. Siempre me solventan la papeleta para un montón de recetas.
- Contramuslos de pollo. Por la misma razón.
- Unos trozos de buena carne de ternera. Para hacer un guiso de cuchara.
- Guisantes. Para añadir a algún guiso o para hacer una crema junto con algún calabacín.
- Pimientos fritos. Siempre me vienen bien. ¿Sabías que congelan de cine?
- Unos **huesos de jamón**, un trozo de **gallina**, un **hueso de ternera** y un trozo de **morcillo** para cuando pongo cocido.
- **Unas costillas de cerdo**. Para hacer algún guiso de cuchara.

EN EL SEGUNDO CAJÓN

- Varios paquetitos con **tomate frito casero**. Sirve para pasta, pisto...
- Un par de **sepias**. Con ellas y el *fumet* del primer cajón solvento divinamente una sartén de fideos.
- **Merluza o pescadilla**. Siempre tengo, tanto para hacer algún segundo plato como por si hay una necesidad para un estómago delicado.
- Unas **gambas arroceras**, que me parecen imprescindibles para alegrar algunas recetas.
- ¡Croquetas, bastantes croquetas!
- Lacón o un buen jamón cocido. Si es bueno y lo congelas, después lo tienes exactamente igual.
- Un táper con **unas albóndigas** ya cocinadas, por si acaso un día no puedo ponerme a guisar.

- Una bolsa con **la parte verde de los puerros**: para abrir y añadir a las cremas.
- Los restos del **queso manchego curado**, que van quedando más duros, pero me sirven para rallarlos.

- Unas **pechugas Villeroy**.
- Unas **hamburguesas caseras** y sus **panecillos**, caseros también.
- Unas empanadas o **empanadillas**.

EN EL TERCER CAJÓN Y MÁS PEQUEÑO

- **Fruta congelada** para hacer batidos de yogur.

- **Pan casero** para los desayunos.
- Algún trozo de **bizcocho** o unas **magdalenas**. Congelan muy bien, se descongelan en un rato y están como recién hechos.

QUÉ DEBES TENER EN CUENTA CUANDO CONGELES TUS PRODUCTOS

- No congeles en caliente.
- Envasa bien los alimentos.
- No congeles dos veces el mismo producto.
- No descongeles ningún alimento a temperatura ambiente.
- Congela alimentos que estén en perfecto estado: recuerda que en el congelador según metes, así sacas.
- La verdura para comer en crudo no queda bien una vez descongelada.

- Las preparaciones que llevan patata tampoco quedan bien al descongelarlas. Arroces y huevos tampoco se llevan bien con el congelador.
- Asegúrate de que la temperatura está a −18 °C o menos y no congeles demasiada cantidad de comida a la vez, aunque tu congelador disponga de una función para acelerar el proceso de congelación.
- Haz un inventario para saber lo que tienes, ve rotando y no tengas los alimentos congelados eternamente.
- Es importante que congeles en porciones: así tendrás la posibilidad de sacar solamente la cantidad necesaria.

CONSERVACIÓN DE OTROS ALIMENTOS

Hay otros ingredientes fabulosos que no deben faltar en nuestro día a día. Ni forman parte de la despensa propiamente dicha ni tampoco son productos que tengan que ir refrigerados: son unos imprescindibles que, sabiendo conservarlos, nos pueden dar un juego infinito en la cocina.

CEBOLLAS

¿Puede haber un ingrediente más versátil? En este sentido me gustan todas las variedades que hay. Cada una tiene sus características y le da su toque al plato: cebolla común, cebolletas, cebollitas francesas, cebolla morada...

Para conservarlas, te recomiendo no colocar las cebollas cerca de las patatas, porque absorberán su humedad y comenzarán a estropearse. No las guardes en bolsa de plástico y ponlas lejos de la luz, en un espacio fresco y ventilado.

Si quieres adelantar procesos, puedes tener la cebolla troceada y congelada.

AJOS

Al igual que las cebollas, los ajos son de uso diario en casa. Además, uno de los mejores ajos son los morados de Las Pedroñeras, un producto de primera que nos enorgullece a los conquenses y que no hay que confundir con otros ajos de ese color, a un precio inferior en el mercado y cuya calidad deja mucho que desear.

Para alargar la frescura de los ajos te recomiendo conservarlos a temperatura ambiente, pero en un lugar fresco, seco y ventilado, sin humedades y sin contacto directo con la luz solar.

Lo ideal es mantener la cabeza entera y solo separar los dientes a medida que los necesitemos, sin retirar las capas de piel exterior y sin mezclarlos en el mismo recipiente con otros productos o vegetales.

PATATAS

Junto con cebollas y ajos, uno de mis ingredientes estrella, ¡en casa nos gustan de todas maneras! Nos encantan simplemente asadas con piel, rellenas ya ni te cuento, en ensaladilla, en platos de cuchara, para acompañar una carne o un pescado al horno, como ingrediente principal en la tortilla de patatas y porque con la sobra que sea y un puré de patatas podemos montar un gratinado espectacular.

Además, en todos estos años he aprendido a diferenciar variedades y a saber para qué sirve cada una. Ya no me conformo con coger una malla con una etiqueta de «Las patatas del abuelo».

Entre las variedades más comunes que puedes encontrar en las fruterías, están:

- Monalisa, auténtico todoterreno que sirve para todo: freír, cocer o asar.

- Agria, de carne amarilla, es la reina de la fritura: las patatas de esta variedad quedan crujientes por fuera y tiernas por dentro.
- Red Pontiac, de piel roja, son especiales para hacer guisos de cuchara o para cocer.

En cuanto a la forma más adecuada de conservarlas, siempre lo he tenido claro, porque en casa de mi madre era un tema que se cuidaba mucho. Primero vigila que no venga ninguna húmeda de la compra. Si es así, déjalas secar extendidas, sin tocarse. Una vez secas, métalas en bolsas de tela o de papel, incluso en sacos, sin que les dé la luz, esto es muy importante.

CÍTRICOS

¡Qué productazo son las naranjas, las mandarinas y los limones! Aunque ahora están presentes en los mercados casi todo el año, yo procuro tomar naranjas y mandarinas en temporada. Debemos conservarlas a temperatura ambiente, procurando no amontonar las piezas unas encima de otras si hemos comprado varios kilos y vamos a tardar unos días en usarlas.

Si no tenemos otra opción que colocarlas en el frigorífico, lo haremos en una zona no muy refrigerada y cubiertas con un paño de algodón, que absorberá la humedad y conseguirá que podamos conservarlas en su estado ideal durante más tiempo.

Recuerda que si vas a rallar su piel debes lavarla antes de usarla y secarla bien.

AGUACATES

¡Me apasionan! No me gusta comprarlos maduros, porque me arriesgo a que al abrirlos puedan estar algo pasados, y por eso prefiero controlar la maduración en casa.

Es importante saber que el aguacate nunca madura en el árbol, por eso su punto dependerá de las condiciones en las que se guarde una vez recolectado. Debe almacenarse en sitios bien ventilados, sin recibir golpes y sin excesos de calor ni cambios de temperatura. Es una fruta muy delicada.

Otro punto importante es el modo de recolección. Cuando lo compres, fíjate bien en que el aguacate no esté despezonado: debe tener un trocito del tallo de donde colgaba pegado a su parte más estrecha.

Se puede acelerar un poco el proceso de maduración poniéndolo en una bolsa de papel o envolviéndolo en papel de periódico con un plátano o una manzana, que emiten etileno y ayudan a la maduración. Hay quien los guarda en los cajones junto a los paños de cocina o incluso en sitios un poco cálidos. No obstante, el mejor proceso de maduración es el espontáneo.

Comer un aguacate duro es un castigo no recomendable, no solo porque resulta desagradable al paladar, sino porque es muy indigesto. En el otro extremo, comerlos pasados de madurez tampoco es bueno, porque pierden su textura y se convierten en una pasta aguada. Algunos aguacates, los más grandes, incluso desarrollan una especie de hilos internos no muy agradables al paladar.

Por eso conseguir comer un aguacate en su punto es el placer de los placeres para los que nos gustan.

Para saber si está maduro hay que palparlo: tiene que ceder a una leve presión del dedo, muy superficial. Pero hay que desarrollar la destreza de no andar apretando ni manoseando las frutas, porque cada presión excesiva hará daño a las capas más externas de la pieza.

Si se meten en el frigorífico sin estar maduros, se estropean; si ya están maduros, pueden aguantar refrigerados unos días.

Cuando los usas puedes evitar que pardeen, una vez abiertos, añadiendo zumo de limón —poco, porque si no el limón tapa su delicado sabor—, o poniendo un plástico contra la superficie. Otro truco interesante es no separarlo de su hueso hasta que lo vayamos a consumir. En todo caso el proceso de oxidación en esta fruta es rapidísimo, así que lo mejor es abrirlo y comerlo a continuación.

CALABAZA

La calabaza es un gran recurso en la cocina, ya que a su sabor y propiedades se añade que puede prepararse y consumirse de muchas maneras: para cremas de calabaza, frita, gratinada o rehogada, en postres dulces o incluso en repostería: yo la incorporo a la masa de los bizcochos una vez horneada sin piel.

Para conservarla, lo mejor es guardarla en un sitio fresco y oscuro. Si la hemos abierto ya y queremos mantenerla, podemos cortarla en trozos, saltearla o asarla y congelarla.

PREPARACIONES IMPRESCINDIBLES

Hay procesos que se pueden tener preparados con antelación para agilizar el trabajo en cocina, y esto es algo que considero primordial. Entre ellos me parece que cobra el puesto de honor un buen sofrito.

Gran parte de nuestra gastronomía se basa en comenzar la elaboración de las recetas con un sofrito, por lo que en buena medida su éxito depende de él. Por eso es fundamental cuidar la calidad de los ingredientes que emplees para su elaboración: los mejores tomates, cebollas o puerros y ajos que puedas conseguir y, siempre, un buen aceite de oliva virgen extra.

Si te paras un minuto a pensar, con un sofrito y unas buenas patatas tienes ya un plato de cuchara espectacular. Si le añades un buen caldo, unas verduras y un arroz bomba, consigues un arroz inolvidable. Si, en cambio, optas por usar carnes, pescados o más verduras, el abanico de platos de los que puedes disfrutar se vuelve infinito.

Otra de las preparaciones que podrás encontrar en este capítulo será la de unas verduras pochadas. Las puedes emplear en muchas recetas: como guarnición de carnes o pescados a la plancha, para rellenos de lasaña o canelones, para empanadillas u otras tantas recetas que necesitan un relleno cremoso que es una delicia... Tener estas verduras preparadas con antelación te será de gran utilidad.

Pero hay más preparaciones imprescindibles que considero que debes tener para aligerar la elaboración en otras recetas: el versátil caldo de pollo, un buen *fumet*, y me encantaría que incorporaras a tus guisos el *bouquet garni*, que llegó a mi vida en un viaje a Francia y desde entonces se ha quedado en mi cocina.

Para terminar, en casa nunca puede faltar un buen tomate frito. En temporada de verano y otoño uso el tomate pera para hacerlo, que es perfecto, muy carnoso y con la piel muy fina. Pero cuando no lo encuentro o voy con prisas, opto por un buen tomate triturado o entero para freír que compro envasado. El tomate frito congela muy bien. De hecho, yo hago siempre de dos a tres kilos de una vez y lo congelo. Así, solamente tengo que sacarlo del congelador la víspera y dejarlo en el frigorífico para que se vaya descongelando: queda de maravilla. Si vas con prisas, puedes pasarlo del congelador al microondas para acelerar el proceso y tenerlo listo para utilizarlo en pocos minutos. Pon una tapa apta para estos menesteres, para que mientras se descongela no te salpique el microondas.

SOFRITO JULIETA

INGREDIENTES

100 g de aceite de oliva virgen extra

3 cebollas grandes

1 puerro

3 dientes de ajo

sal

1 pimiento rojo

1½ kg de tomates

1 cucharada de azúcar

PARA AÑADIR AL FINAL

1 cucharadita de pimentón dulce

50 g más de aceite de oliva virgen extra

1. Pon la sartén al fuego y vierte en ella el aceite de oliva virgen extra. Cuando esté caliente, añade la cebolla y el puerro troceados y los dientes de ajo partidos por la mitad. Échales un poco de sal. Deja que se vayan sofriendo durante 10 minutos a fuego medio.

2. Trocea el pimiento rojo en dados pequeños, añádelo a la sartén y deja que se haga durante unos 5 minutos.

3. Pon a hervir agua en un cazo. Haz una cruz en el culo de los tomates y cuando el agua esté hirviendo, escáldalos unos 20 segundos y pásalos a un cuenco con agua fría. Trocéalos en dados no muy grandes y ponlos sobre un colador grande para que suelten todo el jugo. No tires el jugo por si el sofrito se quedara muy espeso.

4. Añade los tomates a la sartén, incorpora una cucharada de azúcar y deja otros 5 minutos. Pon una tapa y mantén otros 10 minutos a fuego medio, removiendo de vez en cuando.

5. Rectifica el punto de sal si hace falta, y si está ácido, pon un poco más de azúcar. Si tienes pasapurés, pasa el contenido del sofrito por él o, si no, por una batidora.

6. Reparte en unos botes de cristal sin llegar al borde. Pon en una sartén limpia 50 gramos de aceite de oliva virgen extra. Cuando esté caliente, retira del fuego, añade una cucharadita de pimentón por encima, da vueltas, y reparte inmediatamente un poco en cada bote.

7. Espera a que se enfríen para cerrar los botes y procede a congelarlos o a sellarlos al baño maría.

INSTRUCCIONES PARA METER LOS BOTES AL BAÑO MARÍA

1. Los botes deben estar bien limpios y bien secos antes de llenarlos.

2. No llenes los botes hasta arriba. Ciérralos bien.

3. Pon en el fondo de la cazuela un paño y mete los botes. Llénala de agua fría hasta cubrir totalmente los botes al menos 3 cm por encima de las tapas.

4. Déjalos al fuego durante 30 minutos desde que comience a hervir y sin que deje de hacerlo. Apaga el fuego y sácalos cuando el agua esté templada.

CONSEJOS

- Hay muchas recetas que podrás hacer cuando tengas este sofrito casero en tu despensa. Se acortará mucho el tiempo de preparación de cualquier arroz de los que hacemos habitualmente, de una sopa de pescado, de unas lentejas y, en general, de cualquier guiso de cuchara.

- Si te gustan los arroces y este va a ser el destino fundamental de tus sofritos, te recomiendo el punto que le dan los pimientos secos o ñoras. Hay que hidratarlos previamente, para después incorporar su carne al sofrito.

POCHADO DE VERDURAS

INGREDIENTES

1 tomate grande maduro

1 calabacín

1 puerro

½ pimiento rojo

½ pimiento verde

1 cebolla pequeña

2 cucharadas de aceite de oliva virgen extra

una pizca de sal

1 cucharada de azúcar

1 cucharadita de harina

100 g de leche

1. Pela el tomate y trocéalo en dados.

2. Corta las verduras también en dados.

3. Pon el aceite de oliva virgen extra en una sartén. Cuando esté caliente, fríe las verduras lentamente. Te ayudará poner una tapa para que suden. No se le olvide la sal y el azúcar.

4. Cuando tengas las verduras hechas, retíralas hacia un lado, dejando un hueco en la sartén; pon la cucharadita de harina en la parte de la sartén que has dejado sin verduras y remuévela un poco para tostarla. Añade la leche y remueve de nuevo. Una vez trabada, mezcla con las verduras removiéndolas por toda la sartén. Deja un par de minutos al fuego. Te habrán quedado unas verduras cremosas.

5. Prueba por si tienes que rectificar y, si están correctas, retíralas del fuego.

PARA QUÉ USO ESTE POCHADO

Estas verduras son la salvación de muchos de mis platos, y las uso en numerosas recetas:

- Como guarnición de carne o pescado.
- En el relleno de canelones o lasaña.
- Para rellenar crepes o tortillas francesas.
- Para el relleno de pasteles salados.
- En un plato de pasta.

CALDO DE POLLO

INGREDIENTES

la parte verde de un puerro

1 cebolla

2 zanahorias

1 patata

100 g de judías verdes

1,5 l de agua

1 hueso de jamón

1 hueso de rodilla de ternera

1 carcasa de pollo

¼ de pollo

1 ramita de apio

sal

1. Limpia la parte verde del puerro para quitarle la tierra que pueda tener y trocéalo en tres o cuatro partes.

2. Pela la cebolla y pártela en 4 trozos.

3. Pela igualmente las zanahorias y la patata y pártelas.

4. Quítales los extremos a las judías verdes y córtalas a tu gusto.

5. Pon agua en una cacerola y echa los huesos, el pollo, las verduras y una pizca de sal. Ponlo a fuego fuerte y quita la espuma con un cucharón.

6. Baja a fuego medio y deja cocer unos 35 minutos más. Cuélalo y déjalo enfriar. Una vez frío, la grasa se queda en una capa en la parte de arriba que debes quitar.

CONSEJOS

- Si haces el caldo en olla exprés, los tiempos se reducen considerablemente. Yo no cierro la olla hasta que no he espumado. Una vez finalizada la cocción, abro la olla en cuanto baja la válvula fuera del fuego, y lo mantengo unos minutos más sin la tapa de vuelta al fuego.

- El caldo se conserva bien en el frigorífico 3 o 4 días. Si vas a tardar en utilizarlo, puedes congelarlo: dura perfectamente 3-4 meses en el congelador. Cuidado con el de pescado, que tiene menor duración.

- Mi toque personal: añade 4 o 5 hebras de azafrán mientras cuece con la olla abierta. Le da un aroma y un color maravillosos.

- Si quieres incorporar unos garbanzos a la olla, ponlos a remojo la noche anterior y añádelos cuando el agua esté hirviendo, si no, se encallan.

- Me gusta mucho colar el caldo poniendo una gasa grande de la farmacia encima del colador. Se depositan en ella las pequeñas impurezas de los huesos empleados y nos queda un caldo limpio y perfecto.

FUMET DE PESCADO

INGREDIENTES

1 puerro

1 zanahoria

1 l de agua

sal

½ cebolla

1 ramita de perejil

unos huesos de rape

la cabeza y la espina central de una merluza

1. Limpia el puerro y trocéalo. Pela la zanahoria y trocéala también.

2. Pon en una cacerola el agua, un poco de sal, el puerro limpio y troceado, la zanahoria pelada y troceada, la media cebolla, la ramita de perejil, los huesos de rape y la cabeza y la espina central de la merluza.

3. Cuece durante unos 25 o 30 minutos, espumando al principio. Cuélalo y ya tienes tu *fumet*.

4. Esta manera de hacerlo es la más sencilla, pero hay dos formas más que para mi gusto añaden matices de sabor y textura al *fumet* (ver los consejos abajo).

CONSEJOS PARA MEJORAR EL *FUMET* DE PESCADO

- Pon 2 cucharadas de aceite de oliva virgen extra en una cazuela y fríe las espinas y las verduras con un poco de sal. A continuación, añade el agua y deja hervir mientras espumas. De esta manera queda un caldo menos transparente y que me gusta mucho para sopas.

- Y ya para matrícula de honor, pon los pescados en una bandeja apta para horno y hornéalos durante unos 15 minutos a 180 °C antes de introducirlos en la cazuela para que cuezan con el resto de ingredientes.

PARA QUÉ USO EL *FUMET* DE PESCADO

- Puedes añadir el sofrito de la página 33 al *fumet* que tienes hirviendo y con unos fideos un poco gruesos tendrás una sopa estupenda.

- Si además del sofrito agregas, por ejemplo, un calamar troceado o una sepia al *fumet* en una cazuela baja y añades una parte de arroz por cada tres de *fumet*, tendrás un arroz caldoso bien rico.

- De la misma manera que el anterior, pero añadiendo tinta al sofrito y dos partes de caldo por una de arroz, tienes un arroz negro delicioso.

BOUQUET GARNI

INGREDIENTES

2 hojas exteriores de un puerro

1 rama de apio

1 ramita de tomillo

2 hojas de laurel

un poco de perejil

1. Corta un trozo de puerro de unos 10 cm de largo.
2. Haz un corte a lo largo en uno de los lados y saca dos capas: son las que vamos a usar.
3. Mete dentro de ellas una rama de apio, otra de tomillo, dos hojas de laurel y un poco de perejil.
4. Átalo con un hilo grueso de algodón, como el que se usa para bridar una carne. Ya lo tienes listo para echarlo a la cazuela cuando proceda.

TRUCOS

- Deja el hilo más largo y átalo al asa de la cazuela. Así, cuando lo quieras sacar, solo tienes que tirar de él.
- A esta preparación le va bien cualquier hierba aromática que te guste y le quieras poner. Si la necesitas para un guiso que lleve pescado, prueba a ponerle, además de los ingredientes anteriores, una ramita de eneldo, ya verás cómo te sorprende.
- También se debe tener en cuenta que el tamaño del *bouquet garni* sea adecuado para la cantidad de alimento que debe aromatizar; así lograremos un resultado equilibrado.
- Para las almas descarriadas: bridar es sinónimo de atar.

TOMATE FRITO

INGREDIENTES

2 kg de tomates maduros

2 cucharadas de azúcar

1 cucharadita de sal

4 cucharadas de aceite de oliva
virgen extra

1. Pon a hervir agua en un cazo. Haz un corte superficial en forma de cruz en el culo de los tomates y pásalos 20 segundos por el agua hirviendo. Refréscalos en un cuenco con agua fría.

2. Pélalos, trocéalos y tritúralos con la batidora, pero no mucho: si quedan pequeños trocitos, le darán una buena textura.

3. Pon el aceite de oliva virgen extra en una sartén y, cuando esté caliente, retírala del fuego. Cuando pierda un poco de temperatura, echa el tomate, la sal y la mitad del azúcar y ponle una tapa que tenga orificios para la salida de vapor —es necesaria para que al principio no salte el tomate—. Vuelve a ponerlo a fuego medio y remueve cada 10 minutos.

4. Cuando pasen 25 minutos y vaya espesando poco a poco, puedes quitar la tapa. Añade el resto del azúcar y deja unos 10 minutos más.

5. Prueba y rectifica de sal o de azúcar si te hubiese quedado un poco más ácido para tu gusto. Si compras tomate natural triturado para freír, los tiempos son más cortos.

CONSEJOS

- ¿Cuánto jugo tiene que llevar el tomate para ponerlo a freír?

  - Para el tomate pera, el que suelta el propio tomate.
  - Si lo compras envasado, entero y pelado, desecha la mitad del jugo: con el que sueltan al triturarlos es suficiente.
  - Por último, si está triturado para freír, es lo que hay: suele estar bien proporcionado.

- El tomate frito **congela muy bien** y es una opción magnífica cuando tienes que improvisar un plato de pasta, para añadirlo a unas albóndigas, para presentar más gracioso un simple y rico arroz hervido o para hacer unas empanadillas.

- Si lo vas a usar como base en tostadas, paninis o pizzas, déjalo más espeso, dejándolo reducir a fuego bajo un rato más: se concentra el sabor y toma una textura muy apropiada para estas recetas.

EL ARTE DE RECICLAR UNAS SOBRAS

Leí hace unos meses que los españoles tiran a la basura 1.364 millones de kilos de alimentos cada año. Estas cifras, tomadas del Ministerio de Agricultura, Pesca y Alimentación —me da lo mismo que las cifras hayan variado un poco desde entonces—, me parecen una barbaridad y una tremenda irresponsabilidad.

En mi casa este tema es sagrado. Desde hace muchos años he seguido el sistema de mi madre. Ella es caso aparte, porque te reconvierte una sobra en otro plato mejor que el primero, y eso es un arte que se lleva innato. Yo lo hago bien, pero no con su maestría. Eso sí, en mi casa me he criado bajo el lema «no se tira nada», y cuando digo nada, es NADA. Las raciones se hacen pensando en la cantidad justa, y si sobra alguna cosa se convierte en otra receta automáticamente, siempre con la idea de hacer más agradable el tema sobras. Así que yo le cogí el gusto a esto de aprovechar todo y no tirar nada, y menos mal que disfruto con ello, ya que, en este caso, de no haber seguido estas enseñanzas, hubiese tenido graves problemas con la jefa del clan.

Creo que en el fondo lo que pasa ahora es que el poco tiempo de que disponemos nos lleva inevitablemente a coger el plato, mirar el cubo de la basura y pensar «bah, no merece la pena estarme quitando la carne de los huesos de la gallina del caldo para hacer unas croquetas». ¿O no es tanto cuestión de tiempo, sino el uso que hacemos de él?

Siempre me acuerdo de una frase que me decía una amiga: a nadie le sorprende que los españoles vean una media de cuatro horas de televisión al día. Sin embargo, el hecho de dedicar hora y media a preparar la cena cada noche o la comida del día siguiente a mucha gente le parece raro, y te preguntan que cómo tienes tiempo.

CONSEJOS PARA REUTILIZAR LAS SOBRAS

Estos consejos son muy básicos, pero viene bien recordarlos para tratar de la mejor manera las sobras:

1. Conserva adecuadamente los alimentos que sobren. Si los vas a congelar, hazlo inmediatamente: no los tengas dando vueltas por el frigorífico, porque pierden sabor y textura.
2. Envuélvelos correctamente en un recipiente con la menor cantidad de aire posible o envueltos en plástico transparente o en una bolsa zip. Pon una pegatina para saber la fecha de congelado. Si los vas a guardar en el frigorífico, hazlo en el sitio donde no estén mezclados con los alimentos frescos y también bien envueltos para que no se resequen.
3. Procura consumir siempre lo más antiguo. Para poder hacerlo debes tener el frigorífico y el congelador bien ordenados.

Lo más antiguo más a mano. Con un frigorífico caótico tardarás más en cocinar.

4. Ten siempre unos alimentos básicos en tu despensa: te ayudarán a tener más posibilidades de reciclar unas sobras.

5. Uno puede hacer de un plato de sobras otro plato magnífico, pero eso no significa que tengamos que estar todo el día comiendo sobras. Ajusta las cantidades. Si te equivocas una vez no pasa nada, que nadie nace enseñado, pero recuerda para la próxima poner menos cantidad.

6. No tires la fruta demasiado madura o algo tocada: puedes preparar batidos, *crumbles* o *mousses*.

7. Con las verduras menos tersas se preparan cremas, sopas o caldos.

8. Los restos de carne o pescado pueden emplearse para hacer croquetas que luego pueden congelarse, fantásticos sándwiches o pasteles salados con bases de hojaldre o masa quebrada.

9. Aprovecha tu tiempo. Si haces tomate frito casero, haz el doble de cantidad y luego congela las raciones que creas conveniente: siempre tendrás tomate a punto que te puede servir para acompañar unas sobras. Por ejemplo, si te ha sobrado carne picada, sacas tomate frito y te montas una boloñesa que para qué.

10. Si una cuña de queso se ha quedado un poco reseca y empieza a dar vueltas por el frigo, rállala para acompañar pasta. Incluso la puedes congelar rallada.

LOS TRUCOS INFALIBLES

Me hace especial ilusión compartir en este libro todos los trucos infalibles que he ido aprendiendo con los años, trucos de todo tipo que espero que te ayuden en la cocina.

USA GASAS

Es un artículo que uso muchísimo. Te dejo estos ejemplos:

- Para colar caldos: pongo una gasa sobre el colador y quedan mejor filtrados que cuando lo hago simplemente con el colador.
- Para guardar en el frigorífico verduras frescas recién cogidas y que duren más hasta el momento de usarlas. Basta con envolverlas en una gasa ligeramente húmeda.
- Para guardar en el frigorífico almejas, mejillones y ese tipo de productos cuando llegan a casa, con una gasa mojada y bien fría.
- Para colar bebidas vegetales cuando las haces en casa.

Tienes disponible este tipo de gasas en cualquier farmacia. Las puedes reutilizar varias veces lavándolas, eso sí, con un jabón neutro sin olor y sin suavizante.

SECAR UNOS ESPÁRRAGOS DE LATA

Este truco es muy sencillo pero infalible. Toma una bandeja de las que se usan para descongelar el pescado o la carne —tienen una rejilla—, extiende 4 o 5 láminas de papel de cocina y con mucho mimo coloca los espárragos encima. A continuación, tápalos con otras tantas láminas de papel de cocina. Cámbialo las veces que sea necesario.

Este truco viene fenomenal para un montón de recetas en las que el espárrago tiene que ir lo más seco posible para que no suelte agua, como, por ejemplo, un pastel de verduras.

POLVO DE JAMÓN

Tener polvo de jamón en tu cocina te va a permitir darle un toque muy especial a algunos platos: marida perfectamente con platos de pasta, en verano acompaña muy bien al gazpacho y al salmorejo, y también realza el sabor de las croquetas de cocido o de jamón. Evidentemente, lo suyo es hacerlo con jamón ibérico, pero también es útil cuando lo haces con jamón serrano.

- Compra el jamón en un trozo.
- Corta unas láminas finas; si usas el jamón fileteado, procura coger de la zona que tiene menos grasa.
- Extiende las láminas en papel de cocina, cúbrelas con otro papel y métela en el microondas.
- Coloca encima un plato apto para este electrodoméstico, y en dos minutos a máxima potencia estará perfecto. ¡Ojo!, vigila el tiempo, porque depende de la cantidad y clase de jamón y de la potencia del aparato. Una vez transcurrido el primer minuto, ve comprobando el punto cada poco tiempo.

- Al poco después de sacarlo, en cuanto enfría, se queda duro. Es el momento de ponerlo en un mortero y machacarlo o triturarlo en un robot.
- Guárdalo en un bote tapado y úsalo a demanda.

PARA UNAS CROQUETAS CRUJIENTES

Para que tus croquetas tengan un extra de crujiente te recomiendo usar un pan rallado de grano grueso. Una vez les hayas dado forma, déjalas secar durante una hora —depende de la temperatura de tu cocina, en verano menos—, separadas unas de otras. De esta manera el pan rallado crea una costra que se vuelve muy crujiente cuando las fríes.

CÓMO CONSEGUIR QUE LA ESPINACA COCIDA NO PIERDA COLOR

Para que las hojas de espinaca no pierdan su color verde, prueba a hervirlas en agua mineral con gas natural, reduciendo el tiempo de cocción y usando apenas sal.

CONSEGUIR UN CALDO CON CUERPO

Si quieres preparar un buen caldo con cuerpo, antes de poner tu olla con todas las carnes y verduras, haz esto:

- Pon media cebolla hermosa en una sartén antiadherente sin aceite.
- Cámbiala de posición cada poco tiempo y en unos 10-15 minutos la tendrás tostada y más blanda.

Si cuentas con más tiempo, prueba a pasar por una sartén con la mínima expresión de aceite los huesos o carcasas que vayas a utilizar. Otra posibilidad es hornearlos durante unos 15 minutos a 180 °C en una fuente para que se tuesten un poco.

- A continuación, pon abundante agua fría en una olla exprés y echa en ella los huesos (una carcasa de pollo, un hueso de jamón que tenga un poco de jamón y un hueso de rodilla de ternera), la cebolla tostada, la carne (pollo y un trozo de morcillo), las verduras (patata, judía verde, zanahoria y puerro) y una pizca de sal. Ponlo a fuego medio con la olla abierta.
- Cuando empiece a generar una espuma con las impurezas —importantísimo—, retíralas con un cucharón. En cuanto ya no salga más espuma, cierra la olla y mantén cociendo a fuego medio durante unos 15 minutos.
- Quita la olla, espera a que baje la válvula de presión y abre con cuidado. Deja cocer sin tapa a fuego medio por lo menos unos 15-20 minutos más.
- Cuélalo y, una vez frío, retira la grasa.

El resultado es un caldo con un color dorado y un sabor muy rico.

CÓMO RESUCITAR UNA CREMA CONGELADA

Cuántas veces hablo de las comidas que se pueden congelar y del potencial de este método cuando trabajas fuera de casa. Las cremas entran en este capítulo, pero requieren de este truco que te cuento para disfrutarlas en todo su esplendor:

- Si en el momento de elaborarla ya tienes idea de congelarla, en su totalidad o en parte, déjala con una textura espesa, porque al descongelar desprende algo de agua.
- La textura espesa se consigue retirando el caldo de la cocción, pasando las verduras o la legumbre con la batidora y añadiendo el caldo que sea necesario, poco a poco. Nunca una crema es igual a otra, depende mucho de los ingredientes que lleve.
- Cuando la descongeles verás que adquiere una textura como si se hubiese cortado, vamos, nada apetecible. Ponla en un cazo a fuego medio y dale vueltas con unas varillas: poco a poco recuperará su textura original.

CÓMO CONSEGUIR QUE TE QUEDEN TIERNAS UNAS LEGUMBRES SECAS DE LA TEMPORADA PASADA

Ponlas en remojo en agua del grifo durante 12 horas, generalmente la víspera. Usa agua mineral con gas natural para su cocción, reduciendo un poco el tiempo de cocción. ¡Seguro que no notas su edad!

CÓMO CONSEGUIR QUE LAS LEGUMBRES TE QUEDEN PERFECTAS EN LA OLLA EXPRÉS

Pon las legumbres en la olla, previamente remojadas en agua las horas que te indique la receta, y haz una cocción más corta que en cazuela normal —dependerá de la receta—,

para a continuación, cuando ya se pueda manipular y abrir, volver a ponerla al fuego sin tapa y dejarla unos 10 minutos hirviendo. Es en este momento cuando el caldo empieza a espesar y a tomar forma como si estuviese hecho en cazuela.

PARA TUS GUISOS DE CUCHARA

Si preparas un guiso de patatas al que le pones lo que tengas en el frigorífico, que puede ser unas veces sepia, otras algo de cerdo, otras chistorra o chorizo, o verduras, o incluso sin nada más que las patatas, te recomiendo hacer esto:

- Fríe un huevo con la yema totalmente hecha y sus puntillas (las puntillas salen con el aceite muy caliente).
- Ponlo en el mortero, **bien escurrido** de aceite.
- Machácalo con el mazo del mortero.
- Añádelo a tu guiso en los últimos cinco minutos de cocción, dejándolo hervir a fuego medio esos minutos más.

Además de dejar un caldo maravilloso, notarás un punto de sabor sobresaliente.

CÓMO ABLANDAR UNA CARNE DE TERNERA PARA GUISAR

Trocea la carne de ternera y déjala sumergida en agua mineral con gas natural —es importante que el gas no sea añadido— durante una hora. Pasado el tiempo, retira y desecha esa agua, seca la carne y continúa con la elaboración de tu receta, ¡te sorprenderá lo tierna que queda!

CÓMO CONSEGUIR UNA SALSA ADECUADA EN UN GUISO DE CUCHARA EN OLLA EXPRÉS

Haz un sofrito en tu olla exprés, luego añade la carne y las patatas. Por último, vierte el caldo, justo un centímetro por debajo de los ingredientes, y cierra la olla. Cuece durante unos minutos menos que el tiempo indicado en la receta. Retira la olla del fuego, ábrela en cuanto puedas manipularla y termina la cocción sin tapa durante unos minutos, hasta que el caldo de tu guiso evapore y empiece a espesar.

¿CÓMO EVITAR QUE LA MANTEQUILLA SE QUEME CUANDO LA PONES EN EL FUEGO?

La mantequilla no tolera bien las altas temperaturas. Para evitar que se queme, échale un chorrito de aceite para que suba de temperatura sin quemarse.

EL AZÚCAR GLAS Y EL COLADOR

Este truco que te indico a continuación es crucial para rematar un dulce que lleve azúcar glas por encima. **No sucumbas a la tentación** de coger el bote y echarla directamente: te quedarán grumos y, por lo tanto, una terminación muy regulera. Simplemente te hace falta un colador bien seco, echar el azúcar glas en él, dar unos golpecitos cuidadosos contra la otra mano, y listo. Ahora sí, tu dulce tendrá un acabado perfecto.

PARA DAR BRILLO A TUS TARTAS DE FRUTAS

Pon las pieles y centros de las manzanas en un cazo, cúbrelos con agua y déjalos cocer hasta que esté blanda la piel. Cuela el líquido resultante, vuelve a ponerlo en el cazo, añade dos cucharadas bien colmadas de azúcar y mantenlo cociendo otros 15 minutos hasta que espese ligeramente. Pincela tus tartas con este líquido y verás qué brillo adquieren.

CÓMO MONTAR NATA DE MANERA ADECUADA

Si quieres hacer nata montada, usa una que tenga más del 35,1 % de materia grasa. Antes de prepararla, coloca el cuenco en el congelador durante 10 minutos o en el frigorífico durante 30. Pasado ese tiempo, sácalo y sécalo bien. El contacto de la nata con el frío hace que monte mejor y que esté más cremosa.

LOS UTENSILIOS IMPRESCINDIBLES PARA MIS ALMAS DESCARRIADAS

Hay pequeños utensilios que te pueden ayudar mucho en la cocina, facilitándote algún proceso o ayudándote en la conservación de alimentos. Si me lees desde hace tiempo, seguro que alguno ha entrado ya en tu cocina.

PICADORA DE CUERDA

Ideal para trocear las verduras para hacer un sofrito: tiene un arrastre giratorio accionado por un tirador que hace girar el bloque de cuchillas de acero inoxidable.

En casa lo uso para cortar verduras, cebolla, tomate, hierbas, frutos secos, huevo duro y un largo etcétera. Según la fuerza con la que estires del tirador, cambia el tamaño del troceado y todo por igual. Para trozos más grandes, perfectos para ensaladas y guisos, basta con tirar de la manivela de 4 a 6 veces. Para salsas y dips, con 20 movimientos tienes los alimentos totalmente picados.

En cuanto a la limpieza de este tipo de picadoras, no hay que sumergir la tapa en agua: basta con pasarle una bayeta y secarla bien, así no se daña el mecanismo interno.

SACABOCADOS

Lo uso mucho para vaciar alimentos que voy a rellenar de alguna manera, como puedan ser aguacates, patatas o melón. Suele tener dos extremos de tamaños distintos.

CENTRIFUGADORA DE LECHUGAS

Cuando tengas que recurrir a las socorridas ensaladas te resultará imprescindible una centrifugadora de lechugas, porque no hay nada peor que una ensalada aguada. El mecanismo es muy sencillo: dejas tu lechuga en remojo en agua fría, escurres el agua y, con un sencillo sistema de centrifugado, queda prácticamente seca.

MORTERO

Imprescindible para machacar o moler cualquiera de los ingredientes para completar un buen guiso casero. Mi mortero es de 13 cm de diámetro, hecho en granito 100 %, robusto, pero se maneja muy bien. Pesa 2,5 kilos y no se mueve en el proceso de molienda. Como las paredes son altas, no se escapa lo que estás machacando. Y hay una cosa que me encanta y es que su interior es un poco rugoso, de tal manera que si pones algo con la superficie suave, como puede ser un diente de ajo, no se escurre.

Si tu mortero se mueve un poco, te cuento un truco para que se mantenga en su sitio: apoyarlo sobre un paño de cocina. De esta manera evitas movimientos, reduces el ruido y cuidas tu encimera.

ENVASADORA PORTÁTIL

Yo siempre he escuchado a mi madre decir «compra a lo rico y gasta a lo pobre». Esta antigüedad de dicho manchego la aplico de la siguiente manera: si quiero comprar queso y sé que es una marca buena, compro un queso mediano entero —normalmente sale mejor de precio que comprado en cuñas y, para mi gusto, con sus características intactas, al no ir manipulado—. Cuando lo tengo en casa, lo parto en cuñas del tamaño que yo considero que mejor se adapta al ritmo de consumo de casa y las envaso al vacío. Luego, al frigorífico y a consumir poco a poco.

E igual que con este queso de ejemplo procedo con muchas cosas más: para conservar mis embutidos, guardar legumbres que compro a granel, para conservar verduras —por ejemplo, judías verdes, zanahorias, cebolletas frescas— y congelar frutas troceadas para usar en batidos; de esta manera no cogen escarcha en el congelador.

SARTENES

De los primeros utensilios que a uno le hacen falta, aunque no se sepa más que freír un huevo. Recomiendo tener dos tamaños: una sartén pequeña, de unos 20 cm, para sofritos, tortillas, croquetas o empanadillas, y otra, dependiendo de los que seáis en casa, de 26 o 28 cm está bien, sobre todo para freír carne o pescado, para cocinar pollo o alimentos que necesiten más espacio, bien porque llevan salsa o caldo. Un apartado de este libro está dedicado en exclusiva a cocinar con sartenes.

OLLA EXPRÉS

Si tuviera que quedarme con un solo utensilio para empezar a funcionar en la cocina, este sería la olla exprés. En ella puedes hacer legumbres, guisos, caldos, cocer verdura y un montón de preparaciones más. Invierte en una buena marca y tendrás olla para toda la vida.

CUCHILLOS

Algo parecido a lo que pasa con las sartenes: nos cuesta invertir en un buen cuchillo, pero es de las cosas más necesarias en cocina para trabajar a gusto o, por lo menos, para cortar en condiciones y que no se nos convierta en un sufrimiento.

Si debo elegir, me quedaría únicamente con un pelador de 10 cm y un chef de 23 cm. Y por todos los medios intentaría que alguien de la parentela que estuviera muy contento con los resultados que salen de mi cocina me regalara uno para cortar pan. Pan comemos todos los días, lo hagamos en casa o lo compremos. Y sí, para mí es necesario un cuchillo para esto. Y recuerda que un cuchillo no se desarrolla como cuchillo sin una buena tabla para cortar. ¡No te olvides de tener una!

RECETAS
SIN GUISAR

SIN GUISAR

A veces nos complicamos la vida y nos entra un mal pensando que con el cansancio acumulado de todo el día tenemos que llegar a casa y preparar la cena o la comida del día siguiente. Pero hay muchas opciones, sobre todo si, como te he contado anteriormente, tienes tu despensa, tu frigorífico y tu congelador bien provistos con los ingredientes que te pueden facilitar las cosas sin mucho trabajo.

Encontrarás en este capítulo todo un abanico de ideas que te pueden inspirar: una de mis ensaladas favoritas, una idea de tosta que te invita a usar lo que tengas en la nevera, la crema fría más sencilla de todas y que más triunfa en muchas de nuestras casas, unos *bagels,* un paté sencillísimo y unos postres ricos y con muy poco trabajo.

PATÉ DE ACEITUNAS NEGRAS

INGREDIENTES
PARA 4 PERSONAS

150 g de aceitunas negras sin hueso y escurridas

½ cebolla tierna pequeña

1 cucharada de aceite de oliva virgen extra

1 cucharada de queso cremoso para untar

una pizca de pimienta molida

1. Escurre las aceitunas.

2. Pon las aceitunas en el vaso de la batidora.

3. Trocea la cebolla y añádela.

4. Agrega el aceite, el queso y una pizca de pimienta molida.

5. Bate hasta conseguir la textura deseada.

6. Tápalo con plástico transparente y mételo en el frigorífico hasta una hora antes de sacarlo a la mesa.

7. Sírvelo con pan tostado o biscotes.

CONSEJOS

- Puedes añadirle a este paté unas buenas anchoas, queda delicioso. Eso sí, es necesario lavarlas en agua fría y secarlas bien antes de incorporarlas. La aceituna ya de por sí está salada, así que si no tenemos una anchoa excepcional, el paté nos puede quedar salado.

GAZPACHO

INGREDIENTES
PARA 4 PERSONAS

1 kg de tomates maduros

½ pimiento verde italiano

½ pepino pequeño

50 g de cebolla tierna

½ diente de ajo

1 cucharadita de sal

75 g de aceite de oliva virgen extra

15 g de vinagre

6 cubitos de hielo

1. Pon a hervir agua en un cazo. Haz un corte en forma de cruz en el culo de los tomates. Mete cada tomate en agua hirviendo durante 15 o 20 segundos —puedes hacerlo con varios a la vez—. A continuación, pásalos a un cuenco con agua fría. Pélalos, trocéalos y ponlos en un cuenco grande.

2. Lava el pimiento verde, sécalo, quítale las semillas y trocéalo. Añádelo al cuenco.

3. Pela el pepino, trocéalo y añádelo también al cuenco.

4. Trocea la cebolla y el diente de ajo e incorpóralos al resto de ingredientes.

5. Añade la sal. Tritura con la batidora.

6. Incorpora el aceite mientras vas batiendo. Haz lo mismo con el vinagre.

7. Prueba a ver si está a tu gusto y rectifica.

8. Si tienes un robot potente, queda perfecto de textura; si te gusta más fino, lo tendrás que colar con un chino. Añade unos cubitos de hielo y sírvelo muy frío.

CONSEJOS

- Puedes ir jugando con estos ingredientes base y añadirle manzanas, cerezas, sandía, remolacha, fresas o zanahorias, entre otras combinaciones. ¡Queda delicioso con cualquiera de ellas!

- Tendrás que buscar la textura que más te guste: si te ha quedado muy espeso, añádele un poco de agua helada o más cubitos de hielo. Si te gusta más espeso —o la textura que le da—, ponle un trozo de buen pan, remojado previamente en agua y escurrido un poco antes de incorporarlo al resto de ingredientes.

- En casa lo ponemos en la mesa tal cual o con un poco de jamón ibérico picado por encima, pero también puedes servirlo con tomate, pimiento y cebolla picaditos muy finos por encima.

- Compra los tomates con antelación y deja que maduren en casa fuera de la nevera durante unos días.

- Si lo has hecho con antelación, no se te olvide siempre removerlo antes de servir.

ENSALADA DE ESCAROLA CON VINAGRETA DE FRAMBUESA

INGREDIENTES PARA 4 PERSONAS

½ escarola

1 granada

¼ cebolla morada

1 zanahoria

una pizca de sal en escamas

PARA LA VINAGRETA

80 g de aceite de oliva virgen extra

1 cucharada de vinagre de Módena

1 cucharada de mermelada de frambuesa

1. Corta la escarola, lávala y centrifúgala.

2. Corta la parte superior de la granada con un cuchillo. Con los granos ya a la vista, verás que se divide en seis zonas. Pasa el cuchillo por los nervios blancos que las delimitan, cortando la cáscara pero sin llegar a entrar con el cuchillo en la zona de los granos. Separa todas las partes con tus dedos: la granada se abrirá y podrás desgranarla fácilmente.

3. Trocea la cebolla en finos gajos.

4. Pela la zanahoria y rállala con la ayuda de un rallador.

5. Distribuye todos los ingredientes entre los platos y añade unas escamas de sal.

LA VINAGRETA

1. Echa los ingredientes dentro de un bote con tapa. Cierra la tapa y agita el bote, justo antes de servir.

CONSEJO

- A esta ensalada le va fenomenal cualquier fruto seco que te guste. Yo le pongo muchas veces nueces troceadas o piñones; en este caso me gusta tostarlos ligeramente en la sartén.

TOSTADA DE AGUACATE, TOMATE Y BONITO

INGREDIENTES
PARA 2 PERSONAS

2 rebanadas de pan de hogaza

4 tomates *cherry*

1 aguacate

¼ de cebolla

sal

una pizca de pimienta

unas gotas de limón

unas láminas de bonito
  en conserva

unas hojas de canónigos
  y rúcula

1. Tuesta el pan ligeramente. Reserva.

2. Lava, seca y corta los tomates. Resérvalos también.

3. Pela el aguacate, ponlo en un cuenco y aplástalo con un tenedor.

4. Corta la cebolla en trozos pequeños y añádesela al aguacate.

5. Pon una pizca de sal y de pimienta y unas gotas de limón, y mezcla.

6. Extiende esta mezcla en las rebanadas de pan.

7. Pon encima las láminas de bonito, los tomates y unas hojas de canónigos y rúcula.

CONSEJO

- A este tipo de tostadas con aguacate en su base le puedes poner otros muchos ingredientes y con todos ellos quedan muy ricas: salmón o anchoas, huevo cocido —o menos hecho—, sardinillas en conserva, unas tiras de pollo a la plancha y otros tantos ingredientes que tengas en tu frigorífico.

BAGELS DE QUESO, SALMÓN AHUMADO Y RÚCULA

**INGREDIENTES
PARA 4 PERSONAS**

4 *bagels*

4 cucharadas de queso crema

250 g de salmón ahumado fileteado

unas hojas de rúcula

1. Abre los *bagels* por la mitad y tuéstalos uno por uno en tu tostadora.

2. Unta el queso crema en la superficie de una de las mitades de cada *bagel*.

3. Añade el salmón ahumado.

4. Pon las hojas de rúcula por encima y ¡a disfrutarlo!

CONSEJO

• Hay dos ingredientes que le van fenomenal a esta combinación: un poco de aguacate laminado y salsa tártara, que es tan sencilla como poner a una mayonesa un pepinillo en vinagre, un poco de cebolleta fresca, una cucharadita de alcaparras y un huevo duro troceado. Lo mezclas, coronas tu *bagel* con esto y me cuentas.

CREMOSO DE YOGUR Y MANGO

INGREDIENTES PARA 4 PERSONAS

2 mangos maduros

1 manzana

4 yogures naturales

1 cucharada de miel (opcional)

PARA ADORNAR

Granola con pepitas de chocolate [Ver pág. 154]

1. Pela el mango, quítale el hueso central, trocéalo y ponlo en el vaso de la batidora.

2. Pela la manzana, descorazónala, trocéala y métela también en el vaso.

3. Añade tres yogures y tritura. La textura es como de unas natillas espesas. Prueba si te parece que están bien de dulzor: si te gusta algo más dulce, añádele una cucharada de miel.

4. Reparte el contenido en cuatro copas, pon en el centro una cucharada grande del yogur natural y para terminar acompaña de una cucharada por copa de mi granola (tienes la receta en la página 154).

CONSEJOS

• Es importante que los mangos estén maduros pero no pasados. Cómpralos con antelación y déjalos madurar unos días en casa.

• Si quieres un extra de cremosidad, puedes cambiar los yogures naturales por unos griegos.

YOGUR HELADO DE FRAMBUESA

INGREDIENTES PARA 6 PERSONAS

450 g de yogur griego

2 cucharadas de azúcar glas

125 g de frambuesas

75 g de pepitas de chocolate

Necesitas un molde cuadrado de 20 cm de lado

1. Forra el molde con papel de hornear.

2. Mezcla el yogur con el azúcar y échalo en el molde. Repártelo bien para que te quede lo más igual posible: te ayudará darle unos golpecitos levantando un poco el molde y dejándolo caer suavemente sobre la encimera.

3. Lava y seca las frambuesas, córtalas por la mitad y colócalas repartidas por la superficie del yogur, introduciéndolas un poco en él.

4. Reparte las pepitas de chocolate por la superficie.

5. Mete la bandeja en el congelador y déjala un mínimo de 4 horas hasta que congele.

6. Saca la bandeja del congelador y desmolda. Espera unos minutos para que pierda la dureza extrema con la que sale del congelador, trocéalo al gusto y sirve, ¡está delicioso!

CONSEJO

- Puedes cambiar la frambuesa por la fruta que quieras: está muy rico con fresas o plátano.

CREMA DE CHOCOLATE Y AGUACATE

INGREDIENTES PARA 4 PERSONAS

75 g de chocolate negro

2 aguacates grandes

3 cucharadas de cacao en polvo sin azúcar

1 cucharada de miel

100 g de nata líquida con el 35 % de materia grasa

PARA DECORAR

unas hojas de menta

1. Pon el chocolate negro en un cuenco y derrítelo en el microondas. Una vez pasados los primeros 20 segundos, vigílalo cada 10 segundos para que no se te queme. También puedes hacerlo al baño maría, cuidando que el agua no entre en el cuenco. Mezcla con una espátula y reserva.

2. Abre los aguacates, quítales el hueso y sácales la pulpa. Ponlos en el vaso de la batidora.

3. Añade el chocolate derretido, el cacao en polvo, la miel y la nata. Bate hasta que esté homogéneo y no se aprecien trocitos de aguacate: quedará como una crema.

4. Pasa la crema a una manga pastelera para que te sea más fácil distribuirla en los vasitos de presentación.

5. Decora con unas hojas de menta en cada vaso.

CONSEJOS

- Si lo prefieres, puedes usar un edulcorante o una cucharada de azúcar moreno en vez de miel.
- Que los aguacates vayan batidos no significa que no los necesitemos en perfecto estado: deben estar maduros y sin partes negras. Te aconsejo comprarlos unos días antes y dejarlos madurar en casa hasta que estén al punto. ¿Cómo lo sabrás? El consejo es usarlos cuando su pulpa ceda ligeramente a la presión suave de nuestros dedos.

RECETAS
A LA SARTÉN

A LA SARTÉN

Uno de los utensilios de cocina que más uso es la sartén. Con los años he aprendido que comprar una sartén de calidad es importante, pues te garantiza unos resultados muy satisfactorios cada vez que te metes en la cocina.

Me gusta mucho que se caliente rápidamente y que el calor se distribuya de manera uniforme; también que no coja olores, para que se puedan hacer tanto platos con carne o pescado.

Piensa también que al elegir una sartén tendrás que plantearte qué sueles cocinar en ella, de qué tamaño la quieres y, sobre todo, el material con que está fabricada: cerámica, hierro fundido o acero inoxidable, entre otros. Cada uno aporta sus características especiales y necesita sus cuidados. Las hay con el mango extraíble, que te permiten terminar la receta en el horno si es preciso.

Si estás empezando en la cocina, te aconsejo una antiadherente, que son las más conocidas y con un mantenimiento muy fácil. El problema de este tipo de sartenes es que, si el antiadherente no es de calidad, se estropea con el uso. Es importante que en el momento en que empiece a deteriorarse, renueves la sartén.

Para alargar la vida útil de tu sartén, puedes hacer varias cosas:

- Cuando la estrenes, lávala con una esponja suave humedecida en detergente, aclárala, sécala bien y úntala con unas gotas de aceite.
- Emplea utensilios de madera o de silicona que no rayen la superficie.

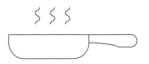

VERDURAS A LA PLANCHA

INGREDIENTES
PARA 4 PERSONAS

2 berenjenas

2 calabacines

1 zanahoria

2 cebollas medianas

250 g de tomates *cherry*

5 cucharadas de aceite de oliva virgen extra

sal

1. Córtales el rabo a las berenjenas, trocéalas en rodajas, ponles un poco de sal y déjalas reposar media hora.

2. Trocea los calabacines en rodajas.

3. Pela la zanahoria y pártela en láminas.

4. Pela las cebollas y córtalas en gajos gruesos.

5. Lava los tomates *cherry*.

6. Pon un chorrito de aceite de oliva virgen extra en una sartén antiadherente y, cuando esté caliente, pon las rodajas de berenjenas y deja que se hagan por los dos lados, aproximadamente unos 6 minutos.

7. A continuación, pasa un papel de cocina por la sartén, vuelve a ponerla al fuego con un poco de aceite de oliva virgen extra y sigue con los calabacines. Ponles una pizca de sal y déjalos el tiempo que consideres para que queden hechos a tu gusto.

8. Vuelve a repetir el mismo proceso con las zanahorias, los tomates y las cebollas.

9. Mientras terminas la última tanda, calienta 30 segundos al microondas el plato donde tienes el resto de las verduras para que, al comerlas, estén todas a la misma temperatura.

CONSEJOS

- Yo te he propuesto unas verduras, pero elige tus favoritas. Los pimientos rojos siempre son un acierto en este tipo de platos.
- Además de un plato como tal, estas verduras a la plancha son una guarnición perfecta para muchas recetas de carne o pescado.

CROQUETAS DE JAMÓN IBÉRICO

INGREDIENTES
PARA 40 UNIDADES

200 g de jamón ibérico

30 g de cebolla

50 g de aceite de oliva virgen extra

50 g de mantequilla

170 g de harina

700 g de leche entera

100 g de caldo del cocido

una pizca de sal

pan rallado

huevo para rebozar

CONSEJOS

- Las croquetas congelan fenomenal. Para usarlas es mejor descongelarlas antes de freírlas.
- Usa un pan rallado un poco grueso, la textura cuando las comes es mucho más crujiente.
- Siempre que termines de rebozar tus croquetas, déjalas reposar al aire libre una media hora. Así, el pan rallado se seca y la sensación de crujientes se multiplica.
- Si no tienes caldo de cocido, pon 100 g más de leche.

1. Trocea el jamón a cuchillo lo más fino que puedas.

2. Pica la cebolla muy fina.

3. Pon el aceite y la mantequilla —o solo 100 g de aceite, si te gusta más— en una sartén. Cuando esté caliente, añade el jamón unos segundos y sácalo a un plato. A continuación, pocha la cebolla.

4. Echa la harina y remueve con unas varillas hasta que se dore ligeramente.

5. Añade la leche y el caldo templados y poco a poco el jamón, sin dejar de remover con las varillas. Trabaja la masa a fuego suave durante al menos 10 o 15 minutos. Prueba el punto de sal, ya que el jamón aporta la suya. Cuando empiece a hervir, retira del fuego.

6. Pon la masa en un recipiente donde no quede demasiado extendida. Pasa inmediatamente un trozo de mantequilla recién sacada del frigorífico por encima y, a continuación, tapa con plástico transparente. Yo la dejo de un día para otro y de esta manera la parte de la masa que queda al aire no genera costra y se da forma a las croquetas más fácilmente .

7. Coge porciones de la masa con una cuchara y dales forma con tus manos ayudándote con pan rallado (no lo utilices en exceso).

8. Cuando ya las tengas formadas, pásalas por huevo bien batido y pan rallado de nuevo.

9. Fríe en abundante aceite caliente, con cuidado de que se hagan por dentro sin quemarse por fuera.

10. Déjalas escurrir en papel de cocina antes de servir, para que no tengan exceso de grasa.

TOSTADA DE REVUELTO DE AJETES, ESPÁRRAGOS Y GAMBAS

INGREDIENTES
PARA 2 TOSTAS

2 rebanadas de pan de hogaza [ver receta en página 102]

100 g de gambas arroceras

1 cucharada de aceite de oliva virgen extra

100 g de ajetes

un manojo de espárragos verdes

3 huevos

una pizca de sal

un poco de pimienta

1. Tuesta las rebanadas de pan.

2. Pela las gambas y resérvalas.

3. Pon aceite de oliva virgen extra en una sartén antiadherente. Cuando esté caliente, añade las gambas, simplemente unos segundos, y retíralas: el sabor que deja en el aceite es magnífico.

4. Trocea los ajetes y ponlos a pochar en la sartén a fuego medio.

5. Lava, seca y trocea los espárragos, desechando la parte más dura. Cuando estén casi hechos los ajetes, añade los espárragos y déjalo todo 3 o 4 minutos más. Si los espárragos son finos, no hace falta darles un hervor antes.

6. Remueve los huevos en un cuenco — sin batirlos—, y añádeles un poco de sal y pimienta. Vierte los huevos en la sartén y da unas vueltas.

7. Reparte sobre la tosta, poniendo las gambas por encima; con el propio calor del huevo se calientan y no quedan secas. ¡A comer inmediatamente!

CONSEJO

- En mi congelador siempre hay unas gambas arroceras, un imprescindible para hacer muchas de mis recetas: me encantan en tortilla, para añadir a un arroz o a una lasaña con verduras, o para un revuelto del estilo de hoy. Están bien de precio y me ofrecen versatilidad, que es lo que quiero.

BOCATÍN DE CEBOLLA CARAMELIZADA, PIMIENTOS ROJOS Y ANCHOAS

INGREDIENTES
PARA 4 PERSONAS

2 cebollas medianas

3 cucharadas de aceite de oliva virgen extra

una pizca de sal

una cucharada de azúcar moreno

1 diente de ajo

1 pimiento rojo

1 lata de anchoas de buena calidad (de unos 100 g)

4 panecillos

CONSEJOS

- En vez de freír el pimiento rojo, puedes abrir uno de los botes de pimientos que has hecho con la receta de la página 186.
- Guarda siempre en el congelador unos buenos panecillos, que una noche que no sepas qué hacer con los ingredientes de resumen de despensa o nevera pensarás ¡qué razón tenía la señora webos!

1. Pela las cebollas, córtalas por la mitad y, luego, en rodajas. Añade 2 cucharadas de aceite de oliva virgen extra en una sartén. Cuando esté caliente, pon la cebolla con una pizca de sal, baja a fuego medio y coloca una tapa. Cuando pierda la textura inicial y se ablande, echa el azúcar moreno, vuelve a poner la tapa y deja que se vaya caramelizando.

2. Pela el diente de ajo y haz unas láminas. Pon 1 cucharada de aceite de oliva virgen extra en otra sartén, echa el diente de ajo laminado y deja que se dore ligeramente. Cuando esté, sácalo a un plato.

3. Pela el pimiento rojo y córtalo en tiras. Échalo en la sartén donde has frito el diente de ajo con una pizca de sal. Pon una tapa y deja que se haga suavemente. Añade al final el ajito laminado ya frito.

4. Escurre las anchoas sacándolas a un colador.

5. Abre tus panecillos por la mitad y tuéstalos un poco. Pon la cebolla caramelizada en las bases de los panecillos, a continuación, los pimientos y, por último, reparte las anchoas en los bocatines.

BERENJENAS RELLENAS DE GAMBAS

INGREDIENTES
PARA 4 PERSONAS

4 berenjenas

1 cebolla mediana

½ puerro

3 cucharadas de aceite de oliva virgen extra

sal

pimienta

2 tomates medianos maduros

300 g de gambas

1 cucharadita de harina

80 g de leche entera

queso para gratinar al gusto

CONSEJOS

- Si no encuentras unos buenos tomates maduros, puedes hacer las berenjenas con unas cucharadas de tomate frito casero, que ya te he recomendado que siempre tengas congelado para imprevistos: encontrarás la receta en la página 44.
- Si no tienes gambas, usa otro ingrediente que tengas: carne picada, dados de pavo o incluso puedes rellenarlas solo de verduras.

LAS BERENJENAS

1. Parte las berenjenas por la mitad. Haz unos cortes poco profundos haciendo rombos en cada mitad. Haz un surco perimetral con la punta del cuchillo a unos milímetros del borde. Echa unas gotas de aceite de oliva virgen extra por encima y mételas al microondas unos 8 minutos de dos en dos mitades.

2. Cuando se enfríen un poco, saca la carne de las berenjenas con la ayuda de una cuchara y trocéala. Reserva las pieles de las berenjenas tapadas con plástico transparente para que no se resequen.

EL RELLENO

1. Corta la cebolla y el puerro en trozos pequeños.

2. Pon aceite en una sartén y, cuando esté caliente, pocha la cebolla y el puerro.

3. Añade la carne de la berenjena troceada. Echa un poco de sal y pimienta y deja que se haga a fuego lento.

4. Haz un corte superficial en forma de cruz a los tomates en el culo. Escáldalos en agua hirviendo unos 30 segundos. Refréscalos y quítales la piel. Trocéalos y ponlos en un colador para que escurran su jugo. Incorpóralos a la sartén y remueve durante 5 minutos.

5. Pela las gambas, trocéalas y añádelas a la sartén.

6. Agrega 1 cucharadita de harina y remueve. Incorpora la leche y sigue removiendo. Sigue removiendo en el fuego durante 2 minutos hasta que espese un poco.

7. Rellena las pieles de las berenjenas y ponles un poco de queso para gratinar por encima. Gratínalas en tu horno durante unos minutos, lo justo para que se funda el queso. Sirve inmediatamente.

SARTÉN DE FIDEOS CON SEPIA Y LANGOSTINOS

INGREDIENTES
PARA 4 PERSONAS

2 sepias pequeñas limpias

300 g de langostinos pelados

5 cucharadas de aceite de oliva virgen extra

2 dientes de ajo

¼ de cebolla pequeña

150 g de tomate triturado natural

sal

¼ cucharadita de pimentón

fideos gruesos del n.º 4

fumet de pescado [ver receta en página 40]

1. Trocea las sepias y los langostinos. Pon aceite en una sartén y fríe la sepia durante 5 minutos. Añade los langostinos y a los 30 segundos saca todo a un plato y reserva.

2. Parte el ajo y la cebolla en dados muy pequeños. Fríelos en el aceite restante de la sepia y los langostinos.

3. Cuando estén pochados, añade el tomate y la sal y cocina durante unos 5 minutos. Retira la sartén del fuego, echa el pimentón y remueve. Incorpora de nuevo la sepia y los langostinos.

4. Añade los fideos —mi medida son 5 cazos rasos de fideos medidos con el cazo de servir la sopa—. Cuando esté bien sofrito todo, removiendo constantemente para que no se queme, añade 9 cazos —también de los de servir la sopa— de *fumet*, en el caso de que te guste seca y en su punto. Si te gusta más jugosa, añádele 1 cazo más. Rectifica de sal.

5. Pon a cocer a fuego fuerte 5 minutos; pasado ese tiempo, bájalo y deja que se haga otros 5 minutos.

6. Deja reposar unos minutos antes de servirla.

CONSEJOS

- Teniendo preparados un sofrito [receta en la página 33] y un buen *fumet* [en la página 40], solo necesitas unos fideos gruesos y el pescado o marisco que te apetezca: en pocos minutos puedes hacer una sartén y fijo que en casa te hacen un monumento.

GARBANZOS CON TOMATE

INGREDIENTES
PARA 4 PERSONAS

PARA COCER LOS GARBANZOS

300 g de garbanzos

1 cucharadita de bicarbonato

agua

una pizca de sal

1 puerro

2 zanahorias

1 hoja de apio

PARA TERMINAR

1 cebolla tierna

1 cucharada de aceite de oliva virgen extra

400 g de tomate frito casero [ver receta en página 44]

1. Deja a remojo los garbanzos la víspera con una cucharadita de bicarbonato.

2. Al día siguiente, pon en la olla exprés el agua, la sal, el puerro limpio y cortado en trozos, las zanahorias peladas y troceadas y la hoja de apio. Cuando el agua esté, hirviendo añade los garbanzos escurridos.

3. Mantén al fuego unos 20 minutos (el tiempo depende de la variedad de garbanzos que sean y si son de temporada o del año anterior). Retira la olla del fuego, deja que baje la válvula y comprueba que están cocidos. Pásalos a un colador y reserva.

4. Trocea la cebolla en dados pequeños. Pon en una sartén el aceite de oliva virgen extra y fríe en él la cebolla a fuego suave. Cuando esté transparente, añade los garbanzos y deja que se frían un par de minutos.

5. A continuación, incorpora el tomate, remueve y deja a fuego suave unos 5 minutos.

CONSEJOS

- Si vas con prisa, usa garbanzos en conserva de una marca de calidad. Escúrrelos bien y procede como te indico en la receta a partir del punto 4.
- Yo no le pongo nada más porque se ha hecho siempre así en casa de mi madre y me gusta tal cual, pero ¡imaginación al poder! Usa las hierbas aromáticas que te gusten y verás cómo te sorprende: un toque de orégano le va especialmente bien.
- El caldo de la cocción de los garbanzos te puede servir para otros guisos: cuélalo y congélalo.

PECHUGAS VILLEROY

INGREDIENTES
PARA 4 PERSONAS

8 filetes finos de pechuga de pollo

½ cucharada de aceite de oliva virgen extra

una pizca de sal

un poco de pimienta

PARA LA BECHAMEL

25 g aceite de oliva virgen extra

50 g de mantequilla

80 g de harina

400 g de leche

una pizca de nuez moscada rallada

sal

PARA REBOZAR

pan rallado

harina

huevo

PARA FREÍR

aceite de oliva virgen extra

PARA ACOMPAÑAR

tomates *cherry*

1. Salpimienta los filetes de pollo. Echa aceite en la sartén antiadherente y cuando esté caliente dales una vuelta a las pechugas: no las dores. Sácalas a un plato sin nada de grasa. Reserva.

2. Pon el aceite y la mantequilla en un cazo. Cuando estén calientes, echa la harina y remueve durante un par de minutos. Añade la leche poco a poco mientras remueves. Agrega una pizca de sal y ralla un poco de nuez moscada. Espera a que espese y, a continuación, deja reposar unos 15 minutos.

3. Remueve la bechamel de nuevo con unas varillas y extiéndela sobre cada pechuga con la ayuda de un cucharón. Deja que se enfríen totalmente.

4. Reboza cada pieza en harina con tus manos y pásalas por huevo y pan rallado. Déjalas a temperatura ambiente una hora antes de freírlas.

5. Pon aceite de oliva virgen extra en una sartén pequeña y fríe las pechugas. Escúrrelas sobre papel absorbente de cocina.

6. Sirve inmediatamente. A mí me gusta acompañarlas de unos tomates y lechuga.

CONSEJOS

- Una variante a esta receta me gusta mucho: añadir jamón ibérico picadito a la bechamel mientras agregas la leche.
- Me gusta comprar las pechugas deshuesadas pero enteras, y filetearlas con un cuchillo bien afilado del tamaño que prefiero.
- Congelan muy bien y puedes hacerlas en la freidora de aire, pulverizando un poco de aceite y programando 10 minutos a 200 °C.

TIRAS DE CERDO CON GUARNICIÓN DE CHAMPIÑONES

INGREDIENTES
PARA 4 PERSONAS

2 piezas de secreto ibérico

sal

perejil

PARA LA GUARNICIÓN

500 g de champiñón

2 cebollas medianas

1 diente de ajo

3 cucharadas de aceite de oliva virgen extra

una pizca de sal

1 cucharadita de harina

50 g de vino de Pedro Ximénez

250 g de agua

CONSEJO

- Cuando pruebes esta receta de champiñones, te servirá como acompañamiento para otras muchas recetas, incluso es la pareja perfecta de una tortilla francesa.

LA GUARNICIÓN

1. Limpia bien los champiñones por si tienen algo de tierra, trocéalos a tu gusto y reserva.

2. Corta la cebolla y el ajo en dados muy pequeños.

3. Pon el aceite de oliva virgen extra en una sartén. Cuando esté caliente, echa la cebolla y el ajo y baja a fuego medio. Añade un poco de sal y deja que se frían durante unos minutos.

4. Añade los champiñones, agrega una pizca más de sal y remueve. Pon una tapadera durante un par de minutos y mantén la sartén a fuego medio.

5. Echa la harina y remueve.

6. Incorpora el Pedro Ximénez y el agua.

7. Deja unos minutos hasta que reduzca y espese la salsa. Tiene un toque dulce importante, así que prueba por si hay que rectificar un poco de sal.

LAS TIRAS DE CERDO

1. Corta el secreto en tiras, salpimiéntalas y ponlas en una sartén antiadherente a fuego fuerte (no hace falta aceite). En dos minutos tienes la carne lista.

2. Sirve con los champiñones y espolvorea un poco de perejil picado fresco por encima.

BUÑUELOS DE QUESO CREMOSO

INGREDIENTES
PARA 4 PERSONAS

250 g de queso quark

130 g de azúcar normal

1 cucharadita de esencia de vainilla

2 huevos medianos

250 g harina común

10 g de levadura química

5 g de sal

PARA FREÍR

aceite de girasol

Te ayudará tener un sacabolas de helado para formar las piezas. Si no lo tienes, usa una cuchara sopera.

1. Pon el queso en un cuenco. Añade el azúcar normal y la cucharadita de esencia de vainilla. Mezcla con unas varillas durante 2 minutos.

2. Añade los huevos y mezcla otros 2 minutos.

3. Ve añadiendo la harina tamizada junto a la levadura y la sal. Remueve hasta que la masa esté bien mezclada.

4. Pon el aceite en un cazo hondo, mete el palo de una brocheta de madera y, cuando salgan unas pequeñas burbujas junto al palo, retira la brocheta: el aceite está listo.

5. Engrasa un sacabolas de helado, coge porciones de masa como si estuvieras sirviendo una bola de helado y échalas al aceite de pocas en pocas piezas. Ten un poco de paciencia porque se tienen que hacer por dentro. Gíralas con ayuda de dos tenedores. Sácalas a un colador y luego pásalas a papel de cocina.

6. Espolvorea azúcar glas por encima con la ayuda de un colador. ¡Se toman calientes!

CONSEJOS

- Tienes que buscar una sartén no muy grande para freírlas, pero sí debe ser honda para que la bola no toque la base del cazo y se fría holgadamente.
- La textura es exquisita, como si mordieras un bizcocho suave y esponjoso. Esto lo hace el queso quark, un queso batido de textura untuosa y ligeramente ácido. Lo puedes encontrar en supermercados grandes.

RECETAS

EN CAZUELA

EN CAZUELA

¿A quién no le gusta un plato rico de cuchara?

Al cocinar en cazuela se activa algo crucial para la cocina, nuestra memoria gastronómica. El aroma que inunda la cocina mientras se hacen los guisos muchas veces nos recuerda a olores con los que hemos crecido, los de las recetas de nuestras madres y abuelas, y es muy emocionante que, en el lío del día a día, podamos revivir esos recuerdos.

Pero, además, de entre todos los utensilios que podemos usar en cocina, la cazuela permite una conexión directa con tu preparación: puedes ir viendo el proceso, viendo cómo reduce tu salsa, simplemente quitando la tapa y observando. Y no solo hay que quitarla, sino entender cómo condiciona nuestros guisos. Hoy en día todas las cazuelas de buena calidad vienen acompañadas de sus correspon-

dientes tapas: usándolas añadiremos menos líquidos al guiso, sabores y olores se concentrarán y acortaremos los tiempos de cocción.

Al igual que para las sartenes, las cazuelas se fabrican de muchos materiales y precios. Por eso a mí me ha pasado lo mismo que con las sartenes: con el paso de los años, he ido sustituyendo mis utensilios básicos y he cambiado cantidad por calidad.

En este capítulo del libro vas a encontrar recetas que son un clásico en casa y que espero que entren directas como favoritas en tus menús semanales, desde los platos más clásicos como un estofado o albóndigas a un sencillo cuscús y un pollo con guarnición de arroz que te gustará. Tampoco podía faltar pasta, sopa de pescado y mejillones en salsa y, cómo no, un sencillo pan para mojar.

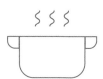

PAN EN CAZUELA

INGREDIENTES
PARA 4 PERSONAS

500 g de harina panadera
  o de fuerza

320 g de agua

10 g de levadura fresca
  de panadero

10 g de sal

1. Echa la harina en un cuenco grande y desmenuza la levadura en el centro.

2. Añade el agua y mezcla. Amasa todo durante 10 minutos; hacia la mitad del amasado añade la sal. No se te olvide. No te preocupe no haber amasado nunca: solo mezcla bien todos los ingredientes y trabájalos para que se vayan uniendo y formando la masa.

3. Continúa amasando. Forma una bola.

4. Pincela un cuenco con aceite, pon la bola de masa dentro y tápala con un paño espolvoreado con un poco de harina: le dará un toque rústico. Deja reposar durante 1 hora.

5. Precalienta el horno a 220 °C, calor arriba y abajo.

6. Pasado ese tiempo, saca la masa a una encimera y aplánala ligeramente. Luego, coge pellizcos de masa del borde y pliégalos hasta el centro. Dale la vuelta: tendrás una bola ya formada. Colócala sobre un papel de hornear de tamaño ligeramente superior al del fondo de tu cazuela. Déjala reposar en él durante 30 minutos.

7. Pasado ese tiempo, unta tu cazuela apta para el horno con aceite de oliva y mete la masa dentro con el papel de hornear incluido en la base, haz unos cortes con un cúter afilado, mete la cazuela con la tapa en el horno inmediatamente y hornea a 220 °C unos 45-50 minutos.

CONSEJOS

- Puedes añadir las semillas que más te gusten, incorpóralas al final del amasado.
- Puedes encontrar harina para hacer pan y la levadura de panadero prácticamente en cualquier supermercado.

MEJILLONES EN SALSA

INGREDIENTES
PARA 4 PERSONAS

1 vaso de agua

5 g de sal

1 hoja de laurel

1 kg de mejillones

PARA LA SALSA

2 cucharadas de aceite de oliva virgen extra

½ cebolla mediana

1 diente de ajo

1 cucharadita de harina

1 cucharadita de pimentón dulce

4 cucharadas de tomate frito

2 cucharadas de brandi

250 g del caldo de cocer los mejillones

1 guindilla cayena

LOS MEJILLONES

1. Pon un vaso de agua, la sal y la hoja de laurel en tu cazuela.

2. Limpia bien la cáscara de los mejillones con un estropajo de níquel y recórtales todas las barbas.

3. Cuando el agua esté hirviendo, echa los mejillones, tapa la cazuela —con cuidado de que no se salga el agua— y deja hervir unos minutos hasta que se vayan abriendo.

LA SALSA

1. Pon el aceite en una cazuela. Cuando esté caliente, añade la cebolla y el ajo para que se pochen.

2. Añade la cucharada de harina, un poco de pimentón, el tomate frito, el brandi y 250 g del caldo de cocer los mejillones.

3. Incorpora la guindilla cayena entera, con cuidado de que no se rompa, para que pique solo lo justo.

4. Pasados unos 8 minutos a fuego medio, la salsa empieza a espesar. Quita la guindilla. Cuela la salsa, pásala por un colador y con el mazo de un mortero saca todo el jugo, aplastando la cebolla que queda en el chino.

5. Pon la salsa en el fuego de nuevo y deja que reduzca un poco, prueba el punto de sal.

6. Echa los mejillones en la salsa y deja al fuego 1 minuto. Sirve inmediatamente.

CONSEJOS

- Si te gustan más picantes, parte la cayena por la mitad para que suelte su picante mientras se hace la salsa.
- Ten muy en cuenta esta salsa, pues va fenomenal con cualquier pescado y está muy rica con unos calamares.

SOPA FÁCIL DE PESCADO

INGREDIENTES
PARA 4 PERSONAS

1.500 g de *fumet* de pescado
[ver receta en página 40]

200 g de gambas

200 g de rape limpio

300 g de mejillones

una pizca de sal

1 cebolla

1 diente de ajo

1 tomate maduro

3 cucharadas de aceite de oliva
virgen extra

75 g de fideos del n.º 2

1. Vierte el *fumet* en una cazuela y ponla al fuego.

2. Pela las gambas. Reserva.

3. Corta el rape en dados pequeños. Reserva también.

4. Pon un poco de agua con una pizca de sal en una cazuela. Cuando hierva el agua echa los mejillones y tápala. Deja unos minutos para que se abran. Quita las cáscaras y reserva los mejillones.

5. Pela la cebolla, el ajo y el tomate, y trocéalos en dados pequeños. Pon el aceite de oliva en una sartén, añade la cebolla, el ajo y deja a fuego medio unos minutos. Incorpora a continuación el tomate y deja que se haga unos minutos más.

6. Pon el rape en la sartén y deja que se haga durante 1 minuto. Incorpora este sofrito al *fumet* y cuece durante 10 minutos.

7. Cuando pase este tiempo, añade los fideos y mantén al fuego unos 3 minutos.

8. Añade las gambas 30 segundos antes de quitar el fuego.

9. Puedes servirlo como ves en la fotografía, con parte de los ingredientes servidos en brocheta.

CONSEJOS

- Aún puedes hacerlo más rápido y sencillo usando uno de los botes de sofrito [ver receta en página 33]. En ese caso elimina de tu lista de ingredientes la cebolla, el ajo, el tomate y el aceite de oliva virgen extra.
- Si lo haces como te planteo en la receta, pero te gusta una textura aún más fina, puedes triturar previamente los ingredientes del sofrito y ponerlo en una sartén a que se haga, para luego incorporarlo a tu *fumet*.
- Tampoco le va nada mal que añadas un par de cucharadas de brandi al sofrito: le dará un sabor espectacular a tu sopa.

TALLARINES CON CARNE GUISADA

INGREDIENTES PARA 4 PERSONAS

350 g de tallarines

25 g de sal

3 l de agua

½ cucharada de aceite de oliva virgen extra

200 g de tomates *cherry*

300 g de carne guisada con salsa [ver receta en página 116]

unas hojas de romero

unas hojas de albahaca

1. Pon el agua en una cacerola al fuego. Cuando hierva, echa la sal e incorpora la pasta. Remueve durante el primer minuto para evitar que se pegue.

2. Pasado el tiempo que te indique el fabricante en el envase de la pasta, escúrrela en un colador dejando una pizca de agua en la cacerola. Devuelve la pasta a la cacerola, el agua que has dejado evita que se reseque mientras terminas de preparar el resto de la receta.

3. Pon en una sartén el aceite de oliva virgen extra. Añade los tomates *cherry* lavados y cortados por la mitad. Deja que se hagan un par de minutos.

4. Comprueba que esté caliente la ternera guisada.

5. Monta el plato poniendo la pasta y la carne guisada con salsa sobre ella. Reparte los tomates y pon unas hojas de las hierbas aromáticas que te gusten, en mi caso, romero y albahaca.

CONSEJO

- Si te llevas este guiso en táper, procura echar algo más de salsa para que al recalentar te quede más jugoso.

POLLO CON SOJA Y MIEL

INGREDIENTES
4 PERSONAS

2 filetes de pechuga de pollo

una pizca de sal

un poco de pimienta molida

1 cucharada de harina

1/2 cebolla

1 tomate mediano

1 diente de ajo

4 cucharadas de aceite de oliva virgen extra

½ cucharadita de pimentón ahumado

¼ cucharadita de Sriracha

½ vaso de salsa de soja clara o 1/4 vaso de salsa de soja oscura

1 cucharada de miel

300 g de agua

1 cubito de caldo

1 cucharada de concentrado de tomate

PARA EL ARROZ

300 g de arroz basmati

una pizca de sal

1. Corta las pechugas en taquitos. Salpimienta y enharina levemente.

2. Pon el aceite de oliva virgen extra en una sartén al fuego, echa el pollo y hazlo durante 3 minutos. Reserva.

3. Pela y trocea la cebolla, el tomate y el ajo. Sofríelos en el aceite restante del pollo hasta que la cebolla empiece a verse transparente.

4. Añade el pimentón, la salsa de Sriracha, la soja y la miel. Incorpora el pollo.

5. Vierte el agua en un cazo y, cuando esté caliente, añade el cubito de caldo y el concentrado de tomate hasta que se diluya. Agrégalo a la sartén. Remueve bien y deja reducir unos 10 minutos a fuego fuerte-medio hasta que la salsa espese.

EL ARROZ

1. Lava el arroz con agua muy fría hasta que esta salga totalmente transparente. Deja reposar en la nevera un mínimo de 45 minutos; lo ideal es dejarlo 4 horas.

2. Cuela el arroz desechando el agua en la que ha estado en remojo. Ponlo en una cazuela a fuego alto y llénala de agua hasta que supere unos 2 cm el nivel del arroz. Agrega la sal. Mantenla al fuego hasta que hierva. Bájala a fuego medio-bajo y tápala, dejando una rendija para que escape el vapor.

3. Cocina 2 minutos menos de lo que indique el fabricante en el paquete o hasta que el agua esté totalmente evaporada. Si se evapora y el arroz está todavía duro, añade un poco más de agua.

4. Deja reposar unos 5 o 10 minutos en la propia cazuela y con la tapa completamente tapada. Separa el arroz con un tenedor para que no quede apelmazado.

CUSCÚS CON CONTRAMUSLO DE POLLO Y VERDURAS

**INGREDIENTES
PARA 4 PERSONAS**

½ pimiento rojo

4 contramuslos de pollo

sal

pimienta

1 tomate mediano

1 zanahoria

½ cebolla

1 diente de ajo

3 cucharadas de aceite de oliva
    virgen extra

perejil

una pizca de ajo en polvo

½ cucharadita de pimentón
    picante

una pizca de chipotle en polvo

700 g de caldo de pollo

300 g de cuscús

1. Trocea el pimiento y reserva.

2. Trocea también el pollo y salpimienta.

3. Por último, trocea el tomate, la zanahoria, la cebolla y el ajo.

4. Pon 2 cucharadas de aceite de oliva en una sartén a fuego medio. Agrega el tomate, el ajo, la cebolla y la zanahoria y sofríelos durante 5 minutos.

5. Añade el pimiento.

6. Pon la cucharada de aceite de oliva virgen extra restante en otra sartén y fríe el pollo.

7. Cuando las verduras estén casi al dente, añade el pollo y las especias y saltea todo junto unos minutos.

8. Incorpora el caldo y sube el fuego hasta que se acaben de cocinar las verduras.

9. Retira del fuego, añade el cuscús y tapa. Estará listo cuando todo el caldo se absorba.

10. Ahueca con un tenedor y sirve.

CONSEJO

- Si te apetece que el plato sea aún más completo, pon un huevo a la plancha por encima.

ALBÓNDIGAS EN SALSA

INGREDIENTES
PARA 4 PERSONAS

1 huevo

1 ½ dientes de ajo

un poco de perejil

miga de pan mojada en leche

750 g de carne picada de
    ternera

sal

pimienta

100 g de aceite de oliva virgen
    extra

½ cebolla

¼ puerro

1 cucharadita de harina

½ cucharadita de pimentón
    dulce

75 g de un vino blanco

2 zanahorias

1 hoja de laurel

1 l de agua o caldo de pollo

PARA EL MAJADO

1 yema de huevo cocido

8 almendras crudas

50 g de agua

PARA TERMINAR EL GUISO

1 clara de huevo cocido

un poco de perejil picado
    (opcional)

1. Bate el huevo en un cuenco.

2. Machaca ½ diente de ajo y el perejil en el mortero. Añade la miga de pan, remueve y échalo en el cuenco.

3. Salpimienta la carne. Échala en el cuenco y remueve.

4. Coge un poco de carne picada con una cuchara, pon harina en tu mano y haz bolitas. Reserva.

5. Pon aceite de oliva virgen extra en una sartén. Cuando esté caliente, fríe las albóndigas y resérvalas en un plato.

6. Fríe 1 diente de ajo en ese mismo aceite. Resérvalo para el majado.

7. Cuela el aceite. Echa 3 cucharadas en la sartén y ponla al fuego. Pocha la cebolla y el puerro. Añade la harina y el pimentón. Remueve y agrega el vino.

8. Pon una hoja de laurel en la cazuela y agrega las albóndigas fritas y las zanahorias peladas y en rodajas finas. Vierte todo el contenido de la sartén en la cazuela. Incorpora el agua, la justa para que las albóndigas no floten. Pon al fuego.

9. Cuece 1 huevo durante 10 minutos y pélalo. Pon en el mortero la yema cocida, las almendras y el diente de ajo frito. Machaca todo, añade un poco de agua y remueve. Echa el contenido del mortero en la cazuela 10 minutos antes de que termine la cocción y agita la cazuela tomándola por sus asas.

10. Cuando la salsa esté espesando, añade la clara de huevo cocida, cortada en trocitos, y un poco de perejil.

CONSEJOS

- Si picas la carne en tu casa, añádele papada de cerdo ibérico para que estén más jugosas.

GUISO DE TERNERA

INGREDIENTES
PARA 4 PERSONAS

800 g de ternera

500 g de agua mineral natural con gas

sal

pimienta

harina

4 cucharadas de aceite de oliva virgen extra

8 chalotas

½ diente de ajo

½ cebolla

2 tomates maduros

3 patatas medianas

3 zanahorias medianas

1 ramita de apio

unas gotas de vinagre

50 g de vino blanco

agua

300 g de champiñones portobello

un poco de perejil

1. Corta la carne en dados y déjala sumergida en agua mineral con gas natural durante 1 hora. Escúrrela y sécala.

2. Salpimiéntala y pásala ligeramente por harina, sacudiendo el exceso.

3. Pon el aceite en la cazuela al fuego, echa la carne y dale vueltas para que se dore toda por igual. Reserva en un plato.

4. Escalda las chalotas en agua hirviendo y pélalas. Reserva.

5. Trocea el ajo y la cebolla en dados muy pequeños. Sofríelos a fuego bajo en la cazuela donde has frito la carne. Añade los tomates pelados y picados y deja que se frían un poco.

6. Pela las patatas. Lávalas, sécalas, trocéalas y añádelas a la cazuela.

7. Pela y trocea las zanahorias. Quítale al apio las hebras más bastas y trocéalo también. Agrega las chalotas, las zanahorias y el apio a la cazuela.

8. Añade unas gotas de vinagre y el vino blanco y deja unos segundos par que se fundan los sabores, removiendo.

9. Pon agua del grifo en cantidad suficiente para que cueza, pero sin que floten los ingredientes. Cuando el guiso lleve unos 40 minutos cociendo, limpia los champiñones, córtalos en trozos y añádelos al guiso.

10. Deja cocer a fuego medio hasta que veas que el caldo va espesando, la carne está tierna y las verduras, hechas. Es el momento de probarlo y rectificar. Si la carne es tierna, el guiso puede estar hecho en 1 hora.

CONSEJOS

- El vinagre solo acentúa los sabores.
- La carne debe ser muy jugosa y tierna. Pide consejo a tu carnicero de siempre, que las últimas veces vas con prisas y compras las bandejas del súper, queda rico con morcillo, pecho o cadera.
- La carne en agua mineral con gas queda aún más tierna.

RECETAS

EN OLLA EXPRÉS

OLLA EXPRÉS

Muchas veces no puedo estar al guiso del chup-chup en las comidas de diario: los días entre semana en mi cocina prima la rapidez. Con el tipo de cocción en olla exprés acorto los tiempos hasta en un 70 %. Además, siguiendo los tiempos recomendados por el fabricante, los alimentos no se deshacen y quedan muy ricos. Asimismo, me sirve para cocer al vapor, gracias a su cestillo portacomidas con unas patas que impiden, si es necesario, que el agua llegue a los alimentos y que permite cocinar varios platos a la vez. Por ejemplo, en el fondo coloco unas verduras para hacer una crema y encima, y en el cestillo, unas judías verdes que se cuecen de maravilla al vapor a la vez.

Este tipo de ollas superrápidas no tienen nada que ver con las primeras ollas a presión que aparecieron en nuestro país hace cincuenta años. Su funcionamiento se basaba en un escape continuo de vapor de agua, lo que llevaba aparejada una pérdida de sabor y cualidades nutricionales. Eso sí, salieron muy duraderas, y habrá muchas casas que todavía las tengan, si es que hay recambios.

Si nunca has utilizado una olla de este tipo es importante familiarizarte con ella. Ahora son muy seguras: todas las ollas, o por lo menos la mayoría, tienen una válvula que emite un pitido si tiene más presión de la correcta para un seguro funcionamiento.

La tapa tiene una goma en su parte interior para asegurar la estanqueidad contra el cuerpo. Algunas marcas usan un mecanismo de bloqueo, generalmente en el mango, para mayor seguridad. La tapa contiene además dos válvulas, una que controla la presión de funcionamiento y otra, adicional, de seguridad. Muchos modelos tienen unos anillos en la válvula que permiten controlar la presión para cocciones más o menos intensas.

Los cuerpos suelen tener unas guías en su interior que permiten vigilar el llenado. La olla debe llenarse de líquido como máximo hasta dos tercios de su capacidad. Aunque es evidente, no se debe utilizar la olla en el horno, porque el mango se estropearía.

Asimismo, es importante abrir la olla una vez que la presión se ha eliminado a través de la válvula y no esperar más: puede que si lo haces te cueste abrirla. ¡Ojo con las prisas! Una apertura precipitada de la olla puede provocarte lesiones.

No te olvides nunca de cocinar con la cantidad suficiente de agua, porque puede que se evapore toda, se quemen los alimentos y se te estropee la olla. Si alguna vez te pasa, vierte agua en su interior con un buen chorro de vinagre y déjala reposar durante un par de horas. Límpiala luego con un estropajo de níquel hasta eliminar los restos y, a continuación, métela en el lavavajillas.

Por último, recuerda que cuando hagas un guiso en el que la salsa tiene que espesar, debes retirar la olla del fuego unos diez minutos antes de que finalice el tiempo indicado, dejar que baje la válvula y finalizar dejando cocer sin tapa unos diez minutos más: verás que la salsa de tu guiso empieza a reducir y a coger un punto perfecto.

ESPÁRRAGOS AL VAPOR CON UNA VINAGRETA ESPECIAL

INGREDIENTES
PARA 4 PERSONAS

1 kg de espárragos verdes

una pizca de sal

1 huevo

1 tomate maduro

½ cebolla tierna

PARA LA VINAGRETA

70 g de miel

35 g de zumo de limón o de lima

150 g aceite de oliva virgen extra (de una variedad suave como la hojiblanca, la royal o la arbequina)

CONSEJOS

- Esta vinagreta es absolutamente fantástica: tiene una textura increíble que te permite dejarla preparada con antelación (se mantiene de un día para otro en perfectas condiciones).
- Puedes usarla para patatas o pescado al vapor y, por supuesto, queda fabulosa para acompañar ensaladas de cualquier tipo.

LOS ESPÁRRAGOS

1. Lava los espárragos, corta la parte más dura del tallo y deséchala. Pela un trozo de la parte opuesta a la yema para hacerlos aún más agradables en su textura. Ponlos a cocer al vapor con un poco de sal en el cestillo con patas dentro de la olla. Para que estén al dente, basta con ponerla al fuego el tiempo que tarda en subir la válvula. Si son muy gruesos, pueden necesitar más tiempo.

2. Cuece el huevo durante 10 minutos. Pásalo por agua fría, pélalo y trocéalo.

3. Trocea igualmente el tomate y la cebolla, ponlos junto con el huevo en un cuenco, añade una pizca de sal y remueve.

4. Reparte los espárragos y divide sobre ellos el picadillo como ves en la foto.

LA VINAGRETA

1. Pon la miel en el vaso de la batidora.

2. Exprime el limón y añade su zumo al vaso. Bate con una batidora durante 1 minuto a velocidad media.

3. Añade el aceite poco a poco y sin dejar de batir. Prueba por si crees que tienes que rectificar. Sirve en salsera para que tus comensales se puedan poner la cantidad que les apetezca.

CREMA RESUMEN DE VERDURAS

INGREDIENTES
PARA 4 PERSONAS

1 calabacín

100 g de judías verdes

100 g de guisantes

½ brócoli

1 cebolla pequeña

½ puerro

3 cucharadas de aceite de oliva virgen extra

1 pastilla de concentrado de verduras

250 g de agua, aproximadamente

1 cucharada de nata o de queso cremoso

PARA ADORNAR

2 rebanadas de pan de molde

aceite de oliva virgen extra

unas gotas de vinagre o limón

1. Lava el calabacín y trocéalo sin pelar. Lava también las judías verdes y pártelas. Desgrana los guisantes. Corta los cogollos de brócoli. Para esta crema puedes aprovechar también los troncos pelados.

2. Corta la cebolla en trozos grandes. Quítale al puerro la capa exterior, lávalo bien y corta la parte verde en trozos no muy pequeños. Reserva la parte blanca para otra receta.

3. Pon la olla al fuego con 2 cucharadas de aceite de oliva virgen extra. Cuando esté caliente el aceite, echa el puerro y la cebolla. Baja un poco el fuego y remueve. Cuando pasen un par de minutos, añade las verduras. Dales vueltas durante 1 minuto.

4. Agrega el agua y la pastilla de concentrado de verduras, cierra la olla y deja cocer durante unos 5 minutos desde que suba la válvula.

5. Retira del fuego, analiza el agua que te ha quedado y sopesa si tienes que retirar un poco (es preferible añadirla al final). Pásala con el pasapurés.

6. Añade la nata, 1 cucharada de aceite de oliva virgen extra y unas gotas de vinagre o limón. Remueve con unas varillas y prueba.

7. Corta en dados el pan de molde, retirando la corteza. Pon aceite de oliva virgen extra en un cazo pequeño al fuego. Cuando esté muy caliente, retíralo del fuego, y echa los dados de pan de molde. Se fríen fuera del fuego en unos 20 segundos.

CONSEJOS

- Quedan fabulosas con cualquier verdura: aprovecha las que tengas por tu frigorífico.

COLIFLOR CON SALSA MORNAY

INGREDIENTES
PARA 4 PERSONAS

1 coliflor mediana

sal

PARA LA SALSA MORNAY

40 g de mantequilla

40 g de harina

500 g de leche entera o
  semidesnatada

una pizca de nuez moscada

1 yema de huevo

100 g de queso emmental

una pizca de sal

CONSEJOS

- El punto de cocción de la coliflor se comprueba introduciendo en el tronco de cada cogollo una brocheta: debe entrar fácilmente.
- Ojo con la cocción de la coliflor: hay que estar muy pendiente, como te he comentado en la preparación, porque una coliflor pasada pierde bastante encanto.

LA COLIFLOR

1. Corta la coliflor en pequeños cogollos. Pon la olla exprés con agua y un poco de sal. Cierra la olla y ponla al fuego. Retírala en cuanto suba la válvula. Espera a poder abrirla y comprueba que te han quedado al dente; si no es así, déjalos unos minutos sin la tapa. Saca la verdura y escúrrela.

LA SALSA MORNAY

1. Pon la mantequilla en un cazo al fuego. Cuando esté fundida, añade la harina y remueve sin parar con unas varillas durante un par de minutos.

2. Incorpora la leche templada y sigue removiendo con unas varillas hasta que espese.

3. Ralla la nuez moscada y añade junto con la yema de huevo y el queso rallado. Pruébala por si necesita una pizca de sal.

PARA TERMINAR

1. Precalienta el horno a 200 °C, calor arriba y abajo.

2. Divide la coliflor en cuatro raciones y ponla en moldes individuales aptos para el horno. Si no tienes moldes individuales, pon todos los cogollos en una fuente más grande apta para el horno.

3. Distribuye la salsa Mornay por encima de la coliflor.

4. Mete en el horno unos 15 minutos y vigila para que la salsa se dore pero sin quemarse. Sirve inmediatamente.

JUDÍAS VERDES ESTOFADAS

INGREDIENTES
PARA 4 PERSONAS

4 tomates pera

1 cebolla tierna

1 puerro

1 diente de ajo

1 kilo de judías verdes

4 cucharadas de aceite de oliva virgen extra

300 g de agua

una pizca de sal

50 g de vino blanco (opcional)

1. Pela los tomates y trocéalos.

2. Parte también la cebolla, el puerro y el diente de ajo.

3. Quita los extremos a las judías verdes y pártelas por la mitad.

4. Mete todo en crudo en la olla exprés. Añade el aceite, la sal, el agua y el vino y cierra la olla con su tapa.

5. El tiempo de cocción depende mucho de lo tiernas que sean las judías verdes y del punto que te guste que tengan. Una vez que suba la válvula, deja la olla al fuego durante 5 minutos. Cuando pase ese tiempo, retírala del fuego, deja que baje la válvula, quita la tapa y ponla de nuevo al fuego unos minutos, hasta que reduzca el caldo.

6. Prueba por si hay que rectificar de sal. Si lo encuentras un poco ácido, puedes añadir una cucharadita de azúcar y dejar cocer 1 minuto más.

CONSEJOS

- La cantidad de agua que indico para añadir en la receta es orientativa. Las judías necesitan algo de agua para que en el proceso de cocción no se peguen en el fondo de tu olla.

- Puedes tomar esta receta tal cual, hacerla con unos taquitos de jamón o incluso te puede servir de guarnición para una carne o un pescado a la plancha. Son fantásticas para meter en el táper.

- Este plato congela bien: las verduras sueltan un poco de agua al descongelar, pero no molesta nada a la hora de comer. Si vas a congelarlas, recuerda no hacer mucho las verduras, porque luego hay que recalentarlas.

LENTEJAS EXPRÉS

INGREDIENTES
PARA 4 PERSONAS

500 g de lentejas

2 ¼ l de agua

1 hoja de laurel

1 cebolla mediana

1 puerro

3 zanahorias

1 tomate maduro grande

1 patata grande

sal

2 cucharadas de aceite de oliva

½ cucharadita de pimentón dulce de la Vera

unas rodajas de longaniza fresca de Joselito

CONSEJOS

- Puedes congelarlas, responden bien a la descongelación. Yo las caliento en el microondas porque se resecan menos que en el fuego.

- Respecto al agua de la cocción, a mí me gustan las lentejas tal y como ves en la foto, sin mucho caldo, tampoco secas, y con el caldo bien trabado. Es imposible dar una medida exacta porque no todas las lentejas absorben la misma agua, ni todas las ollas exprés consumen la misma cantidad en la cocción.

1. Pon las lentejas a remojo durante toda la noche.

2. Escúrrelas y ponlas en la olla a presión con agua fría.

3. Lava la cebolla, el puerro y el tomate. Pela las zanahorias y la patata y parte esta última en dados no muy pequeños. Añade todo a la olla y súmale una hoja de laurel.

4. Pon la olla al fuego sin la tapa. Cuando empiece a hervir, espuma y cierra la olla. Deja cocer aproximadamente unos 12-15 minutos, dependiendo de la olla y de la legumbre.

5. Pasado este tiempo, abre la olla y pasa a un vaso de batidora 2 de las 3 zanahorias, la cebolla, el puerro, el tomate —que debes quitarle la piel en ese momento— y unos cuantos trozos de patata. Tritura y reserva.

6. Pon el aceite de oliva virgen extra en una sartén y cuando esté caliente, retíralo del fuego, echa el pimentón, déjalo unos segundos y añade las verduras trituradas, poniendo inmediatamente una tapa, ya que saltan mucho. De nuevo en el fuego, deja que se sofría unos minutos, a fuego medio-bajo, dándole vueltas con una cuchara de madera de vez en cuando.

7. Pon las lentejas de nuevo en el fuego, corta la otra zanahoria en rodajas y añádesela, y echa el sofrito de verduras por encima. Agrega la sal. Mueve la legumbre, moviendo la olla con las asas.

8. Pruébalas por si tienes que rectificarlas de sal. Déjalas un minuto cociendo y listo.

SI QUIERES DARLE UN TOQUE DE SABOR EXTRA

1. Corta unas rodajas de longaniza fresca, pásalas unos segundos a fuego fuerte en una sartén y añádeselas en los últimos 2 minutos de cocción a las lentejas.

POLLO ESCABECHADO

INGREDIENTES
PARA 4 PERSONAS

1 pollo en octavos

sal

pimienta molida

2 cucharadas de harina

1 cebolla grande

1 zanahoria

2 hojas de laurel

unos granos de pimienta
negra

tomillo al gusto

romero al gusto

1 cabeza de ajos

300 g de aceite de oliva virgen
extra

¾ partes de un vaso (de los de
vino) de vinagre de Jerez

agua

1. Salpimienta el pollo. Pásalo por harina y dale unos toques a cada pieza para eliminar la harina sobrante; te tiene que quedar una fina capa, no más.

2. Pon en la olla exprés, en crudo, la cebolla y la zanahoria cortadas en rodajas, el laurel, unos granos de pimienta enteros, el tomillo, el romero y la cabeza de ajos cortada por la mitad.

3. Vierte el aceite de oliva en la sartén y, cuando esté caliente, fríe el pollo. Es importante este proceso: una buena fritura es imprescindible para conseguir un buen escabeche.

4. Ve poniendo las piezas de pollo fritas encima de la cama que has preparado con la cebolla y los demás ingredientes y echa el aceite de la fritura por encima. Añade el vinagre y el agua. La cantidad de agua es orientativa. A mí no me gusta que floten: siempre las cubro un poco más de la mitad.

5. Cierra la olla y, cuando suba la válvula de la olla, mantenla al fuego durante 10 minutos. Cuando baje la válvula, abre la tapa y vuelve a ponerla al fuego sin ella hasta que esté a tu gusto: depende mucho del tamaño del pollo y de cómo sea su carne. Pruébalo antes de terminar, por si tienes que rectificar.

CONSEJOS

- El escabeche es una técnica muy sencilla al alcance de todos. Tienes que darle tu toque dependiendo de lo fuerte que te guste. Las medidas que te doy son para un escabechado normal. En el caso de que te guste con más bravura, deberás aumentar un poco la cantidad de vinagre.

- Usa un buen vinagre de vino y un buen aceite de oliva virgen extra, haz tu propia mezcla de hierbas aromáticas y seguro que no fallas.

- Las recetas que llevan escabeche están mejor de un día para otro. Además, si te sobra algo de pollo, quítale los huesos, trocéalo y sírvelo en una ensalada, donde el caldo del escabeche será la mejor opción de vinagreta.

RECETAS
AL HORNO

AL HORNO

El horno es uno de los electrodomésticos que más uso: desde bien joven me he aficionado a hornear todo tipo de recetas. Yo utilizo un horno eléctrico de gama media y considero que las siguientes prestaciones son las mínimas para un uso habitual:

- Precalentamiento rápido.
- Calor arriba y abajo.
- Aire.
- Grill.
- Función baja temperatura; ideal, por ejemplo, para desecar setas o frutas.
- Temporizador.

Cuando lo compré tenía claro que, además, quería estas otras:

- **Puerta fría**: fundamental si tienes niños en casa. También es importante valorar otras medidas de seguridad, como el aviso de calor residual o el bloqueo de puerta.
- **Clasificación de eficiencia energética**: busca una que tenga al menos una clasificación A. El mío es A+.
- **Usabilidad**: un aspecto al que desde mi punto de vista hay que prestar atención especial. Da igual que los mandos para manejar el horno sean digitales o analógicos, lo ideal es buscar un sistema lo más sencillo posible.
- **Iluminación interior del horno**: para ver cómo va el alimento sin tener que abrir la puerta, cosa que en el caso de un bizcocho supondría su ruina.
- **Sistema de deslizamiento de bandejas**: me gustan mucho las guías telescópicas.
- **Limpieza**. yo siempre procuro que no se me acumule suciedad y, con un mantenimiento regular, no tengo ni un problema con este tema.

CONSEJOS PARA HORNEAR

Y no puedo evitar hablar de hornos y no compartir unos consejos para hornear. El primero, tener un horno bueno, claro. Esta obviedad no es tal cuando muchas veces alquilamos o compramos una casa que viene con el horno ya instalado, como fue en mi caso, y sufrí lo indecible. A pesar de que por aquel entonces no cocinaba tantas cosas como ahora, sí las preparaba de manera similar y los resultados eran francamente regulares. Y cuando digo un horno bueno, me refiero a un horno que hornee a la temperatura más parecida a lo que dice y que, por lo menos, reparta bien el calor con la función arriba y abajo, que es la básica.

El segundo es un clásico: es importante conocer tu horno, y para intimar no queda más remedio que usarlo y usarlo en un montón de recetas diferentes. Debes saber cómo se limpia y trabajar con él de una manera segura.

Y dos más, de carácter general:

- No me gusta hornear ni dos alimentos a la vez ni el mismo alimento en dos bandejas: no consigo resultados razonables ni aunque ponga el aire para que se reparta todo por igual.
- Normalmente el alimento se introduce con el horno precalentado a la temperatura que indique la receta.

CARNES

Para hornear carne de ternera el tiempo estimado es de 25 minutos por cada kilogramo de carne y la temperatura ideal son 200 °C durante los primeros 20 minutos, para luego bajarlo a 170 °C, todo ello referido a cocción tradicional y en horno eléctrico.

Para el cerdo necesitas 30 minutos por kilogramo con el horno a 200 °C durante 20 minutos, para luego bajarlo a 170 °C.

Para hornear pollo, el tiempo estimado es de 30 minutos por cada kilogramo de carne, comenzando el horneado a 230 °C durante la primera media hora, para bajarla posteriormente a 180 °C.

Indistintamente de la carne que hornees, es conveniente rociar el jugo de la cocción por encima y también es importante tener en cuenta el reposo fuera del horno, ya que el calor residual contará para que se haga un poco más.

PESCADO

El tiempo y la temperatura del horneado del pescado dependen fundamentalmente del peso y del tipo de pieza. En muchas ocasiones se usa la función de aire para hornearlo, ya que se hace rápido y queda jugoso. Pero tendrás que probar qué te funciona mejor. El pescado estará en su punto cuando la carne pegada a la espina se despegue fácilmente. En cuanto a los tiempos, calcula unos 20 minutos para el primer kilogramo y 10 minutos extra por cada kilogramo de más que pese la pieza elegida, contando que tendremos el horno a una temperatura de 190 °C o 200 °C.

REPOSTERÍA

Para repostería es conveniente seguir fielmente las indicaciones de la receta. Es fundamental tener tu propia experiencia personal para conseguir buenos resultados. Practica y prueba, no te queda otra.

PAN DE ACEITE

INGREDIENTES
PARA 4 PERSONAS

500 g de harina de fuerza o panadera

10 g de levadura fresca (o 3,3 g de levadura seca de panadero)

10 g de sal

25 g de aceite de oliva virgen extra

300 g de agua

2 cucharadas de aceite de oliva virgen extra

CONSEJOS

- Recuerda que la levadura seca de panadero no tiene nada que ver con los polvos de hornear o con la levadura química para bizcochos o magdalenas.
- Usa un buen aceite de oliva virgen extra: la variedad picual es espectacular para este pan.
- Si te apetece, puedes ponerle por encima aceitunas negras, unas hierbas aromáticas o unas escamas de sal, ¡queda delicioso!

1. Desmenuza la levadura. Pon todos los ingredientes en un cuenco y mézclalos —solo mezclarlos, no amasarlos— con ayuda de una rasqueta o de una cuchara de madera. Deja reposar media hora tapando el cuenco con un plástico transparente.

2. Pasado este tiempo, pon un poco de harina en la mesa de trabajo, deposita la mezcla y empieza a amasar subiendo la masa con las manos hacia arriba y depositándola de golpe. En unos pocos minutos la masa estará más lisa y será más fácil trabajarla.

3. Aceita un cuenco limpio, haz una bola con la masa y deposítala en él. Tapa de nuevo con un plástico transparente y deja reposar durante 1 hora en un sitio cálido.

4. Pon la masa en la encimera, haz una bola con ella y déjala reposar unos 10 minutos.

5. Aplana la bola con tus manos y traspásala a un papel de hornear y termina de darle forma con tus manos. Tapa la masa y déjala levar durante 45 minutos tapada con un paño.

HORNEADO

1. Precalienta el horno a 250 °C, calor arriba y abajo, media hora antes de ponerlo a hornear y con la bandeja del horno dentro.

2. Justo antes de meterlo en el horno vierte sobre la superficie de la masa un par de cucharadas de aceite y hunde los dedos para que el aceite se introduzca un poco en la masa.

3. Mete el pan y hornea a 220 °C durante unos 30 minutos, dale la vuelta y deja que se hornee durante 5 minutos más.

PASTEL DE RAPE Y LANGOSTINOS

INGREDIENTES
PARA 4 PERSONAS

agua

una pizca de sal

1 cebolleta

1 hoja de laurel

750 g de rape

500 g de langostinos

1 cucharada de aceite de oliva
virgen extra

4 huevos medianos

200 g de nata con más del 35 %
de materia grasa

200 g tomate frito casero

una pizca de sal

pimienta

PARA TERMINAR

mayonesa o salsa rosa al gusto

tostadas de pan

*Necesitarás un molde
rectangular de 25 cm de largo.*

1. Precalienta el horno a 180 °C, calor arriba y abajo.

2. Pon en el fuego una cazuela con agua, sal, la cebolleta y el laurel.

3. Cuando hierva pon a cocer el rape durante 5 minutos. Retira del agua y, cuando esté templado, trocéalo a cuchillo.

4. Limpia los langostinos quitándoles la cabeza, el cuerpo y el intestino, este con la ayuda de un palillo. Trocea cada langostino en tres y pásalos unos segundos por la sartén con una pizca de aceite de oliva virgen extra. Escúrrelos y reserva.

5. Pon en un cuenco los huevos, bátelos con unas varillas. Añade la nata, el tomate frito, el rape troceado y los langostinos. Salpimienta ligeramente y remueve.

6. Prepara un molde rectangular untado de mantequilla. Echa el contenido del cuenco en el molde.

7. Ponlo dentro de otro recipiente más bajo con agua, para meterlo en el horno al baño maría.

8. Hornea unos 50-60 minutos. Pasado este tiempo, al pincharlo tiene que salir la aguja o la brocheta seca.

9. Deja reposar durante un mínimo de 2 horas antes de desmoldar.

10. Sirve acompañado de mayonesa o salsa rosa y unas tostadas de pan.

CONSEJOS

• Es importante que el tomate frito tenga una textura espesa para que la consistencia del pastel sea la adecuada.

• Si no tienes rape, puedes sustituirlo por merluza o cabracho, si lo encuentras, que es riquísimo, pero tiene muchas espinas que hay que quitar.

• Para saber el punto de sal yo lo pruebo siempre en crudo, antes de meter en el horno. Así no fallarás nunca.

EMPANADILLAS DE BONITO

PARA 16 EMPANADILLAS

1 paquete de obleas para
  empanadillas tamaño grande

PARA EL RELLENO

1 cebolla

2 cucharadas de aceite de oliva
  virgen extra

250 g de bonito en aceite

200 g de tomate frito

1 huevo duro

unas aceitunas verdes sin
  hueso

PARA PINCELAR LAS OBLEAS

2 cucharadas de leche

CONSEJOS

- Trabaja con las obleas recién salidas del frigorífico: se manejan mejor. Si están mucho tiempo a la temperatura de la cocina, se vuelven muy frágiles.
- Cuando te falten un par de minutos para terminar el horneado, mira la base de las empanadillas por si tienes que darles la vuelta para que se doren un poco por la base.

EL RELLENO

1. Trocea la cebolla en dados muy pequeños.

2. Pon el aceite de oliva virgen extra en una sartén y pocha la cebolla.

3. Cuando esté pochada, retírala del fuego, escurre el aceite sobrante y añade el bonito bien escurrido de aceite y desmigado, el tomate frito, el huevo duro troceado y las aceitunas cortadas en trocitos pequeños. Remueve todos los ingredientes y déjalo enfriar.

LAS EMPANADILLAS

1. Extiende una cucharada de relleno en la parte central de cada oblea.

2. Humedece el borde de las obleas untando un poco de agua con los dedos y ciérralas cuidadosamente para que coincidan los bordes. Haz un pequeño repulgo en el borde con los dedos, o si lo prefieres, aplástalo con los dientes de un tenedor. Pon las empanadillas en una bandeja de hornear cubierta con un papel de horno.

3. Precalienta el horno a 200 °C, calor arriba y abajo.

4. Pincela cada empanadilla con un poco de leche.

5. Mete la bandeja en el horno, baja la temperatura a 190 °C y hornea durante 20 minutos. Baja la temperatura a 180 °C y mantenla otros 5 minutos más o hasta que veas las empanadillas doradas como en la foto.

GRATINADO
DE VERDURAS

INGREDIENTES
PARA 4 PERSONAS

4 porciones de pochado de
verduras de unos 200 g cada
una [ver receta en página 36]

4 patatas grandes

1 cucharada de aceite de oliva
virgen extra

una pizca de sal

un poco de pimienta molida

2 yemas de huevo

mozzarella rallada para
gratinar

1. Lava las patatas y cuécelas con piel en una cazuela.
   Cuando estén cocidas, pélalas, aplástalas y échales una
   cucharada de aceite de oliva virgen extra, un poco de sal y
   pimienta molida.

2. Añade las yemas de huevo y remueve.

3. Pon el pochado de verduras en la base de unos recipientes
   aptos para el horno, reparte el puré de patata por encima y
   añade la mozzarella.

4. Mete los recipientes en el horno y gratina hasta que estén
   dorados.

CONSEJO

- Quédate con la versatilidad de este plato: en vez de verduras, puedes poner un sofrito con las sobras que te hayan
  quedado; por ejemplo, queda muy rico con restos de pollo asado.

PASTELES FÁCILES DE MANZANA

INGREDIENTES
PARA 6 PERSONAS

2 manzanas

unas gotas de limón

½ cucharadita de canela

70 g de mantequilla a temperatura ambiente

125 g de azúcar

2 huevos

1 yogur natural

150 g de harina normal

6 g de levadura química

Necesitarás un molde de muffins *metálico de 12 unidades.*

1. Precalienta el horno a 180 °C, calor arriba y abajo.

2. Pela las manzanas, rállalas desechando la zona del corazón, échales unas gotas de limón y ½ cucharadita de canela.

3. Pon la mantequilla a temperatura ambiente en un cuenco y bátela con una máquina de varillas a máxima velocidad durante 2 minutos. Sigue batiendo otros 5 minutos, mientras vas añadiendo el azúcar.

4. Sin dejar de batir, añade los huevos y, a continuación, el yogur, poco a poco.

5. Agrega la harina tamizada y la levadura y mezcla lo justo para que todos los ingredientes estén integrados.

6. Incorpora las manzanas ralladas y mezcla de nuevo.

7. Engrasa el molde y reparte la masa entre sus cavidades.

8. Hornea a 180 °C, calor arriba y abajo, durante 35 minutos o hasta que veas los pasteles ligeramente dorados.

9. Sácalos del molde a una rejilla. Cuando se enfrían, crean una capa crujiente por fuera que los hace muy ricos.

CONSEJOS

- La variedad reineta es la manzana idónea para esta receta, pero puedes usar la que tengas por casa.
- Si te gusta que tenga un puntito de sabor más intenso, añádele un chorrete de tu licor favorito a la masa.

CORTADILLOS DE LIMÓN

PARA 9 CORTADILLOS

PARA LA BASE

125 g de harina normal

50 g de azúcar

1/4 cucharadita de sal

50 g de coco rallado

75 g de mantequilla a temperatura ambiente en daditos

PARA LA COBERTURA

200 g de azúcar

3 huevos grandes

100 g de zumo de limón

1 cucharada de ralladura de limón

1 cucharada de harina normal

½ cucharadita de levadura de repostería

una pizca de sal

30 g de azúcar glas

Necesitarás un molde de unos 20 × 20 × 5 cm.

LA BASE

1. Precalienta el horno a 180ºC, calor arriba y abajo.

2. Forra el molde con papel de hornear y pincela este con mantequilla.

3. Pon la harina, el azúcar y la sal en un cuenco y remueve.

4. Añade el coco y la mantequilla y mezcla hasta que empiece a formar la masa.

5. Haz una bola aplanada, colócala en el centro del molde y ve extendiéndola de manera uniforme. Hornea unos 22 minutos a 180 °C hasta que esté ligeramente dorada.

LA COBERTURA

1. Pon el azúcar, los huevos batidos, el zumo de limón, la ralladura, la harina, la levadura y la sal en un cuenco y mezcla hasta que esté uniforme.

2. Saca del horno la base y vierte la cobertura sobre ella mientras está caliente.

3. Devuelve al horno hasta que la cobertura se dore ligeramente por los bordes y esté cuajada aunque un poco blanda al tacto. Esto supone aproximadamente unos 25 minutos. Espera a que se enfríe por completo.

4. Espolvorea con azúcar glas y corta en trozos según te guste el tamaño de los cortadillos.

CONSEJO

• Están igualmente deliciosos de un día para otro. Si prevés que van a sobrar, pon el azúcar glas justo antes de consumirlos.

MAGDALENAS DE ZANAHORIAS

INGREDIENTES
PARA 12 UNIDADES

1 zanahoria grande

la ralladura de 1 limón

3 huevos medianos

120 g de azúcar

80 g de aceite de oliva virgen extra

80 g de leche entera

200 g de harina normal

una pizca de sal

8 g de levadura química

1. Pela y ralla la zanahoria. Reserva.
2. Ralla la piel de un limón. Reserva.
3. Pon los huevos y el azúcar en un cuenco y bate con una máquina de varillas durante 5 minutos a velocidad rápida.
4. Baja un poco la velocidad de la máquina de varillas y, sin dejar de batir, vierte el aceite en el cuenco poco a poco.
5. Añade la leche de la misma manera.
6. Agrega la harina tamizada con un colador, la pizca de sal y la levadura química. Mezcla lo justo con la máquina de varillas.
7. Echa la zanahoria rallada y la ralladura de limón. Remueve.
8. Vierte la masa en las cápsulas de las magdalenas sin llegar al borde y métetelas en un molde metálico para *muffins*.
9. Precalienta el horno a 250 °C, calor arriba y abajo.
10. Deja reposar las cápsulas en el frigorífico durante 15 minutos, o 5 minutos en el congelador.
11. Baja la temperatura del horno a 220 °C y hornea durante 13 minutos, aproximadamente, calor arriba y abajo, a altura media y sobre bandeja. Vigila el horno sin abrir para que no se quemen. El tiempo es aproximado. Pueden necesitar un par de minutos más, bajando el horno a 200 °C.

CONSEJOS

- Debes tener cuidado de no rallar la parte blanca del limón, es amarga.
- Usa un aceite de oliva virgen extra de sabor suave, de las variedades hojiblanca o arbequina o aceite de girasol en la misma medida.

- Si vas a usar huevos L, ponle a la masa 1 cucharada más de harina.
- Puedes sustituir la leche por otra bebida láctea.
- También quedan muy bien con harina de espelta.

BIZCOCHO DEL TIRÓN

INGREDIENTES
PARA 6 PERSONAS

3 huevos medianos

250 g de harina normal

200 g de leche entera

250 g de azúcar

150 g de aceite de oliva virgen extra de una variedad suave como la hojiblanca o la arbequina

10 g de levadura química

la ralladura de un limón

Necesitarás un molde de 30 × 10 × 10 cm.

1. Precalienta el horno a 170 °C, calor arriba y abajo.

2. Mezcla todos los ingredientes a la vez con unas varillas hasta conseguir una masa homogénea.

3. Engrasa el molde con mantequilla. Vierte la masa en él.

4. Hornea durante unos 40 minutos a 170 °C hasta que veas que la superficie está dorada. Introduce un palo de una brocheta, y si sale seco, está listo.

5. Apaga el horno y déjalo dentro, con la puerta abierta, 5 minutos.

6. Sácalo fuera y, en cuanto se enfríe, desmóldalo.

7. Para terminar, espolvorea azúcar glas por encima con la ayuda de un colador.

CONSEJOS

- Es un bizcocho muy fácil y queda muy sabroso.
- Es una receta base a la que le puedes dar el sabor que quieras, cambiar los cítricos por unas semillas de vainilla o añadirle una cucharada de cacao en polvo sin azúcar para que se convierta en un delicioso bizcocho de chocolate. Si optas por esto último, incrementa en 20 g más la cantidad de leche que aparece en la receta.

GRANOLA

INGREDIENTES
PARA 4 PERSONAS

70 g de avellanas y nueces

125 g de copos de avena

50 g de una mezcla de semillas, por ejemplo, lino amapola, sésamo, girasol o calabaza

25 g de agua

25 g de aceite de oliva virgen extra de una variedad suave como la hojiblanca o la arbequina

50 g de miel

un poco de canela

una pizca de sal en escamas

PARA INCORPORAR DESPUÉS

50 g de pepitas de chocolate negro

1. Precalienta el horno a 140 °C, calor arriba y abajo.

2. Trocea los frutos secos y ponlos en un cuenco.

3. Añade los copos de avena y las semillas, y mezcla.

4. Pon a calentar en un cazo el agua con el aceite, la miel, la canela y la pizca de escamas de sal.

5. Cuando esté caliente, añade la mezcla del cuenco con los elementos secos (frutos secos, copos y semillas). Deja un par de minutos a fuego bajo sin dejar de remover.

6. Extiende un papel de hornear sobre una bandeja de horno y vierte la mezcla sobre él. Hornea durante unos 30 o 35 minutos, removiendo la mezcla cada 10 minutos.

7. Saca del horno y retira la mezcla de la bandeja, para que no reciba el calor residual.

8. Una vez que esté fría, añade las pepitas de chocolate y mezcla. ¡Ya la tienes lista para usar!

CONSEJOS

- Puedes añadir frutas secas deshidratadas: albaricoques, higos, pasas, manzana... ¡Te encantará cómo queda!
- También está muy rica acompañada de fruta fresca, como plátano, frambuesas o ciruelas.
- Puedes ajustar el punto de dulzor a tu gusto, si te gusta con más o menos canela o si te apetece ponerle un poco de vainilla.
- Usa frutos secos sin tostar porque, con el tiempo de horno que tenemos, quedan en su textura perfecta.

RECETAS
PARA
MICROONDAS

PARA MICROONDAS

Aunque la mayoría de las veces usamos el microondas para calentar alimentos, también puedes cocinarlos en él y hay muchas recetas que te pueden sorprender. Las verduras, por ejemplo, como precisan tiempos cortos y no permanecen sumergidas en agua, mantienen su color y su sabor. Los pescados necesitan un tiempo breve de cocción y mantienen su sabor y su tersura. Yo lo uso mucho para cocer patatas con su piel: en pocos minutos quedan muy ricas, ideales para servir con la compañía de alguna salsa con muy poco trabajo.

Para cocinar en el microondas siempre debes tener en cuenta:

- Pon los alimentos de forma simétrica sin usar la zona central para que se hagan todos por igual.
- Usa piezas de tamaño similar.
- Coloca cantidades pequeñas.
- Gradúa la potencia para aquellas preparaciones que llevan huevos y se pueden cortar si llegan a ebullición.
- Usa una tapa apta para el microondas para que no se salpiquen las paredes y el techo.
- Pincha las membranas de los alimentos para evitar que exploten con el calor. Esto le sucede a patatas, manzanas, tomates enteros o salchichas, por ejemplo.

- Ve con cautela en el uso de sal y especias: el microondas potencia los sabores.
- Para las recetas que lleven queso, pónselo al final: al ser un alimento muy graso, absorbe más calor y corres el riesgo de que el comensal se queme.
- Cuando tengas dudas del tiempo en el que se hace un alimento, un truco muy útil es probar con una cuarta parte del que emplearías para guisarlo con un procedimiento tradicional.
- Los alimentos siguen cociendo una vez apagado el microondas, por eso hay que esperar unos minutos de reposo para ver si están hechos.
- Recuerda usar el microondas cuando necesites mantequilla a temperatura ambiente y no la hayas sacado con antelación: basta con usar el modo descongelación durante 1 minuto por cada 100 g.
- No olvides que no debes introducir en el microondas ningún utensilio metálico.

OTROS USOS DEL MICROONDAS

- Para secar la sal que está húmeda y apelmazada, ponla en papel absorbente durante 1 minuto a máxima potencia.
- Puedes hacer lo mismo para el coco rallado húmedo.

- Podrás pelar mejor los cítricos si los metes 20 segundos a potencia máxima. Igualmente, obtendrás más zumo si los tienes 30 segundos a máxima potencia.
- Si necesitas remojar pasas, ciruelas u orejones, los puedes poner en un recipiente cubiertos con agua y meterlos en el microondas a máxima potencia hasta que lleguen a ebullición. Déjalos reposar unos minutos y estarán listos para usar.

- Para quitar la piel a avellanas y pistachos, quítales la cáscara, colócalos sobre el plato giratorio formando una corona y mételos 2 minutos a máxima potencia. Cuando se enfríen, no hay más que frotarlos con las manos para que las pieles se desprendan solas.

En este capítulo encontrarás las recetas que hago frecuentemente, y que me salvan aperitivos, cenas y algún que otro postre.

PATATAS RELLENAS

INGREDIENTES
PARA 4 PERSONAS

4 patatas grandes

75 g de lacón cocido
  y ahumado

1 yema de huevo

8 cucharadas de nata líquida

un poco de sal

una pizca de pimienta molida

queso rallado para fundir al
  gusto

1. Lava las patatas, pincha la piel en varios sitios y colócalas de forma simétrica en el plato giratorio.

2. Introdúcelas en el microondas y cuécelas 10 minutos a potencia máxima. Pasado ese tiempo, gíralas de manera que la parte que lindaba con el borde del plato mire ahora hacia su centro y mantenlas otros 10 minutos.

3. Corta una lámina longitudinalmente a cada patata y vacíalas todas con la ayuda de una cuchara o un sacabocados.

4. Mezcla la patata extraída con la yema, la nata y el lacón troceado en dados pequeños.

5. Sazona con un poco de sal y una pizca de pimienta.

6. Rellena las patatas vaciadas con esta mezcla y cúbrelas con el queso.

7. Gratina con el grill del microondas durante 3-5 minutos.

8. Sirve con las láminas cortadas al principio a modo de tapas.

CONSEJO

- Yo uso lacón ahumado porque me gusta mucho el sabor que proporciona, pero puedes sustituirlo por beicon o jamón cocido extra en dados. Si te gusta, puedes probar con sobrasada.
- El tiempo es aproximado, pues dependiendo de la variedad de patatas que uses puedes necesitar reducir o aumentarlo.

SOPA DE FIDEOS

INGREDIENTES
PARA 4 PERSONAS

1 l de caldo de pollo [ver receta en página 38]

100 g de fideos cabello de ángel

1. Pon el caldo de pollo en un recipiente apto para microondas y programa 5 minutos a máxima potencia.

2. Añade los fideos y remueve bien para que estos se distribuyan uniformemente y no se queden pegados entre sí. Programa de nuevo 3 minutos: se terminan de hacer mientras sirves.

CONSEJO

- Yo he optado por la versión más sencilla, porque no puede haber receta más fácil y a la vez más reconfortante que una sopa de fideos. Pero puedes añadirle un huevo duro cortado en dados, unos dados de pan frito y unos trocitos del pollo con el que has hecho el caldo. ¡Te quedará un plato muy completo y delicioso!

ESPINACAS CREMA

PARA 2 PERSONAS

500 g de espinacas frescas
(o 250 g de espinacas
congeladas)

1 cucharada de mantequilla

2 cucharadas de harina

250 g de leche entera o
semidesnatada

sal

pimienta

nuez moscada

queso rallado al gusto

1. Lava las espinacas, quítales el agua, trocéalas y ponlas en un cuenco apto para el microondas. Cuécelas durante 4 minutos a máxima potencia. Es suficiente con el agua que queda al escurrirlas.

2. Funde la mantequilla en un recipiente durante 50 segundos a potencia media.

3. Agrega la harina a la mantequilla fundida, remueve y pon 1 minuto a máxima potencia.

4. Añade la leche y remueve con unas varillas. Salpimienta y echa un poco de nuez moscada rallada.

5. Pon esta bechamel durante 5 minutos a máxima potencia. Detén el microondas dos veces durante este tiempo para remover.

6. Combina las espinacas con la bechamel y mételo de nuevo 10 minutos.

7. Si tu microondas tiene gratinador, añade queso rallado y gratina hasta que se dore.

CONSEJOS

- A esta receta le va muy bien añadirle algún fruto seco que te guste; yo suelo usar avellanas o piñones.
- En vez de leche, puedes emplear bebida de soja, avena o cualquier otra que uses.
- Si optas por las espinacas congeladas, descongélalas durante 10 minutos al 75 % de potencia y escúrrelas. Sigue con la receta desde el segundo paso.

PATÉ DE BERENJENAS

INGREDIENTES
PARA 4 PERSONAS

2 berenjenas

1 cebolla tierna

una pizca de sal

2 cucharadas de aceite de oliva virgen extra

1 cucharada de agua

¼ cucharadita de zumo de limón

¼ cucharada de comino (opcional)

¼ cucharadita de pimentón dulce

cebollino

1. Abre las berenjenas por la mitad. Haz unos cortes poco profundos haciendo rombos en cada mitad. Haz un surco perimetral con la punta del cuchillo a unos milímetros del borde. Ponles sal y unas gotas de aceite. Métrelas en el microondas de dos en dos mitades durante unos 7 minutos a máxima potencia. Comprueba que la carne está blandita. El tiempo depende del tamaño de las piezas.

2. Pela la cebolla, córtala en rodajas y ponla en un cuenco. Métela también en el microondas durante 10 minutos con 1 cucharada de agua y unas gotas de aceite de oliva virgen extra por encima.

3. Saca la carne de las berenjenas con una cuchara y ponla en el vaso de la batidora.

4. Añade la cebolla, un poco de sal, el aceite de oliva, el zumo de limón y los cominos, si te gustan. Tritura hasta conseguir la textura de un paté.

5. Ponlo en un cuenco, pruébalo para ver si está bien de sal y, justo antes de servir, espolvorea por encima un poco de pimentón dulce —o agridulce si prefieres—, con la ayuda de un colador, y unas gotas de aceite de oliva virgen extra. Termina picando un poco de cebollino.

CONSEJOS

- Este paté es estupendo tanto para servir con unos aperitivos como para usarlo en rellenos. Las patatas cocidas con piel en el microondas y rellenas con este paté quedan espectaculares.
- También lo puedes usar para rellenar unos deliciosos canelones o una patata cocida previamente en el microondas y vaciada.
- Puedes acompañarlo con verduras troceadas que te gusten.

BACALAO AL PILPIL

INGREDIENTES
PARA 4 PERSONAS

400 g de lomos de bacalao ya desalado

5 dientes de ajo

1 guindilla seca

60 g de aceite de oliva virgen extra de una variedad suave

sal (opcional)

perejil

1. Elige un cuenco hondo y pequeño en el que entren los lomos de bacalao apretados, pero no los metas todavía.

2. Pon el aceite de oliva virgen extra en el cuenco con la mitad de los ajos pelados y cortados en láminas y la otra mitad sin pelar, con un golpe con la mano cada uno para que se abran un poco.

3. Añade la guindilla partida en un par de trozos.

4. Tapa el cuenco con plástico transparente, métcelo en el microondas y cocina durante 1 minuto a máxima potencia. Saca y deja que se temple para que se aromatice el aceite.

5. Pon los lomos de bacalao en el cuenco con la piel hacia abajo, vuelve a taparlo y cocina en el microondas durante 1 minuto y 30 segundos. Saca y deja reposar 1 minuto para que se temple el conjunto.

6. Retira el bacalao, la guindilla y los ajos quedándote solo con el aceite. Bátelo con unas varillas hasta que emulsione. Es importante que añadas el jugo que va soltando el bacalao en el plato, que aporta más gelatina. Lo normal es que no le haga falta sal.

7. Sirve el bacalao de inmediato con la salsa por encima y los ajos laminados y espolvorea por encima un poco de perejil.

CONSEJO

• Este es un libro para almas descarriadas y por eso te lo pongo fácil con los lomos de bacalao ya desalados, pero te recomiendo probar a desalarlos tú mismo durante 3 días, con cambio de agua cada 6 horas aproximadamente y manteniendo el cuenco donde lo hagas en el frigorífico: ¡queda aún más rico si cabe!

MANZANAS ASADAS

INGREDIENTES
PARA 4 PERSONAS

4 manzanas

4 cucharadas de azúcar

1 cucharada de mantequilla

2 cucharadas de anís dulce

PARA ADORNAR

unas frambuesas

hierbabuena

1. Lava las manzanas, sécalas y quítales el corazón. Ponlas en un plato apto para microondas. Colócalas lo más cerca posible del borde del plato y de una manera simétrica en forma de cruz para que se hagan todas por igual. Reparte entre los huecos de los corazones el azúcar, el licor y un poco de mantequilla.

2. Hazle un corte circular muy suave en la piel cerca del orificio superior. De esta manera, si se rompe la piel —que no siempre pasa—, lo hará por el corte y te quedarán con mejor presencia.

3. Programa 8 minutos a máxima potencia. Si tu microondas tiene grill, gratínalas además 3 minutos.

4. Deja templar y adorna al gusto, en mi caso con frambuesas y hierbabuena.

CONSEJOS

- Mi variedad favorita para postres es la reineta. Me gusta su sabor ligeramente ácido y su piel, algo más fuerte que la del resto de variedades, se rompe menos.

- Si añades al final del proceso un poco de granola por la zona del corazón [ver receta en página 154], verás que resulta una combinación deliciosa.

- Si no quieres perder nada del jugo que sueltan, en vez de cocinarlas en un plato, hazlo ya en cuencos aptos para microondas; el jugo queda en el cuenco y está delicioso.

- Si en el proceso pierden la piel y la forma, úsalas para acompañar un yogur o a modo de compota en una tarta fácil de manzana, con una base de hojaldre, la pulpa de la manzana que perdió su forma en el proceso y unas láminas de manzana: todo al horno unos 25 minutos, y listo.

- Yo he usado anís dulce seco, pero puedes utilizar tu licor preferido.

TARTA DULCE DE QUESO

INGREDIENTES
PARA 6 PERSONAS

4 huevos

160 de azúcar

400 g de queso quark

400 g de leche

1 cucharadita de esencia de
vainilla

60 g de maicena

Necesitas un molde de silicona
de la forma que más te guste.

1. Pon los huevos con el azúcar en un cuenco y bátelos, no mucho, lo justo para que se mezcle.

2. Añade el queso y remueve. Agrega la leche y la esencia de vainilla y mezcla de nuevo.

3. Incorpora la maicena y remueve de nuevo.

4. Vierte la mezcla en el molde.

5. Mete el molde en el microondas con cuidado de no derramar el contenido. Cocina 15 minutos a máxima potencia.

6. Saca del microondas y déjalo enfriar. Desmolda y sirve.

CONSEJOS

- Si te apetece con caramelo, puedes ponerlo en la base del molde antes de echar la masa de la tarta.
- Queda suave y muy rica, pero si te gusta el chocolate, puedes convertirla en una fantástica tarta de chocolate añadiendo 1 cucharada colmada de cacao y bajando la cantidad de maicena en 10 gramos.

ROCKY ROAD

INGREDIENTES
PARA 4 PERSONAS

80 g de pistachos tostados

50 g de nueces

50 g de cacahuetes tostados

200 g de galletas Digestive™

100 g de nubes de tamaño pequeño

100 g de chocolate con leche

150 g de chocolate negro

120 g de mantequilla

45 g de miel

PARA DECORAR

50 g de chocolate blanco

Necesitas un molde cuadrado de 20 cm de lado.

1. Trocea los frutos secos y échalos en un cuenco.

2. Parte con tus manos las galletas en trozos grandes y colócalas en el cuenco.

3. Añade también las nubes. Remueve estos ingredientes.

4. Pon en otro cuenco, apto para el microondas, los chocolates, la mantequilla y la miel. Cocina 2 minutos a máxima potencia. Remueve y comprueba que estén completamente fundidos.

5. Echa los ingredientes del otro cuenco en el del chocolate. Remueve.

6. Una vez que la mezcla esté uniforme, forra el molde con papel de hornear, úntalo con mantequilla y vierte la masa en él. Compáctala con una espátula.

7. Funde el chocolate blanco en el microondas durante 60 segundos a máxima potencia. Detén el microondas cada 20 segundos a partir del primer minuto para vigilar que no se queme.

8. Decora la parte de arriba de la masa con el chocolate blanco derretido repartiéndolo con una cuchara a modo de hilo.

9. Deja 12 horas en el frigorífico. Córtalo en cuadraditos.

CONSEJO

- Puedes emplear casi cualquier dulce que se te ocurra. Hay muchas combinaciones de marcas comerciales de frutos secos y chocolate con baños de colores que quedan muy vistosos, ¡es una receta muy agradecida!

RECETAS
PARA FREIDORA DE AIRE

FREIDORA DE AIRE

Cuando uno decide hacer un hueco en su cocina para la freidora de aire, en la normalmente ocupada encimera, se piensa muy mucho si no será un cacharro más de uso ocasional. La siguiente pregunta será qué medida comprar para casa.

Respecto a lo primero, créeme: no es un pequeño electrodoméstico más. Es muy útil y cómoda, te ofrece la posibilidad de comer saludable al cocinar con menos grasas, es muy fácil de usar y se limpia fácilmente. Vamos, lo tiene todo, y respecto a lo segundo, la capacidad dependerá de los integrantes de tu casa.

Realmente no es una freidora al uso, sino más bien un horno de aire de sobremesa. Con ciertos trucos y los ingredientes correctos podrás conseguir resultados muy buenos. Según qué alimentos, quedan como si estuviesen fritos, pero con mucha menos grasa, con lo cual, manteniendo su aspecto y su sabor, estaremos comiendo unos platos y unas guarniciones más saludables. Además, también puedes hacer esas recetas que sabes que salen bien en el horno, que muchas veces te da pereza encenderlo.

Respecto a la rapidez, no es un aparato lento, pero hay determinados alimentos que necesitan su tiempo para hacerse. Otros, como los pescados, se hacen rápido.

La ventaja que tiene es que en cuatro minutos tienes la máquina precalentada y lista. El precalentamiento siempre va a favorecer que la receta se haga un poco antes.

Te indico algunos tiempos a modo de ejemplo:

Langostinos pelados	4 minutos
Patatas fritas	22 minutos
Albóndigas	15 minutos
Alitas de pollo	25 minutos
Merluza	10 minutos
Magdalenas	8 minutos

El olor en la cocina mientras se está usando es prácticamente nulo —obviamente, esto depende de qué cocines— y, además, tampoco genera vapor. Es un aparato muy limpio.

En este capítulo podrás encontrar algunas de las recetas de todo tipo que se han hecho imprescindibles en mi casa: sopa de cebolla y pan, pimientos de varios tipos, champiñones gratinados, brochetas, hamburguesas, alitas, patatas fritas, salmón, costillas e incluso unas galletas estupendas. ¡Viva la versatilidad de esta máquina!

SOPA DE CEBOLLA Y PAN

INGREDIENTES
PARA 2 PERSONAS

3 rebanadas de pan de pueblo que tengan un par de días

2 cebollas grandes

2 dientes de ajo

1 cucharada de aceite de oliva virgen extra

sal

1 ½ vasos de caldo de pollo o de agua

2 huevos

1. Corta las rebanadas de pan y ponlas en la freidora de aire a 180 °C durante 5 minutos. Reserva.

2. Trocea las cebollas en rodajas no muy gruesas. Ponlas en un recipiente de metal o cerámica que quepa en tu freidora de aire.

3. Añade los dientes de ajo sin pelar y el aceite de oliva virgen extra, remueve y programa 200 °C durante 5 minutos. Remueve y vuelve a programar la misma temperatura y el mismo tiempo.

4. Agrega el caldo. La cantidad que te indico es orientativa, porque no todo el pan pide el mismo caldo. No necesita demasiado, lo suficiente para empapar todos los ingredientes y un poco más que se evapora durante la cocción.

5. Programa 180 °C durante 8 minutos.

6. Extrae la cesta, haz un hueco en el pan, casca un huevo, ponlo en el hueco y échale un poco de sal por encima. Programa 180 °C durante otros 8 minutos. Este tiempo es aproximado: se tiene que quedar prácticamente sin caldo, con el pan y la cebolla muy jugosos, y el huevo a tu gusto. Puede necesitar hasta un par de minutos más.

7. Saca el recipiente con cuidado de no quemarte y ¡a disfrutar!

CONSEJO

- Puedes poner a esta sopa unos taquitos de jamón ibérico, ¡le da un sabor muy rico!

PIMIENTOS DE PADRÓN

INGREDIENTES
PARA 4 PERSONAS (COMO GUARNICIÓN)

300 g de pimientos de Padrón

una pizca de aceite de oliva virgen extra

sal gruesa o escamas de sal

1. Lava los pimientos y sécalos.

2. Precalienta la máquina a 200 °C durante 3 minutos.

3. Rocía tus pimientos con un pulverizador de aceite de oliva virgen extra. Introdúcelos en la cesta y programa 200 °C durante 8 minutos.

4. Saca la cesta, echa un poco de sal por encima y sirve inmediatamente.

CONSEJOS

- Tendrás que vigilar la máquina desde el minuto 6, porque el tiempo depende mucho del tamaño de los pimientos.
- Me gusta hacerlos a esta temperatura porque en pocos minutos quedan tiernos y deliciosos.

CHAMPIÑONES GRATINADOS

INGREDIENTES
PARA 4 PERSONAS

12 champiñones grandes

100 g de queso crema

75 g de jamón ibérico en dados pequeños

50 g de queso para gratinar

1. Limpia los champiñones —yo prefiero no lavarlos, sino limpiarlos con un paño húmedo— y quítales el tronco. En la actualidad suelen estar bastante limpios cuando llegan a las fruterías.

2. Mezcla el queso crema con el jamón ibérico. Rellena los champiñones con ayuda de una cuchara.

3. Ponles queso para gratinar por encima.

4. Precalienta tu máquina a 180 °C durante 3 minutos. Coloca los champiñones en la cesta de tu freidora de aire, métela y cocina a 180 °C durante 15 minutos. Si los quieres un poco más dorados, gratínalos a 200 °C durante 2 minutos más. El tiempo depende del tamaño de los champiñones.

CONSEJOS

- Los champiñones admiten infinitos rellenos. A cualquiera de ellos le puedes añadir un poco de cebolla frita crujiente, de la que venden envasada, le da un toque muy sabroso.
- Hay una presentación que me gusta mucho: consiste en servir los champiñones uno contra otro como si fuesen los panes de una hamburguesa. Como relleno de la hamburguesa puedes utilizar el que te propongo.
- Si quieres aprovechar los troncos de los champiñones, pélalos, trocéalos y fríelos en una sartén. Añádeles un huevo, lo revuelves y ¡verás qué rico!

PIMIENTOS ROJOS ASADOS

INGREDIENTES PARA 4 PERSONAS (COMO GUARNICIÓN)

3 pimientos rojos

3 cucharadas de aceite de oliva virgen extra

sal

2 tomates maduros

1. Lava los pimientos, sécalos y úntalos con aceite de oliva virgen extra por toda la superficie.

2. Programa 180 °C durante 20 minutos. A mitad del programa, dales la vuelta.

3. Mete los pimientos en un táper, tápalos y deja que suden durante 10 minutos.

4. Quítales la piel, sácales el rabo y las semillas, córtalos en tiras y ponlas en un cuenco.

5. Añade sal y 2 cucharadas de aceite de oliva virgen extra y ¡listos!

CONSEJO

- Te doy estos consejos por si quieres guardarlos al baño maría:

  - Los botes deben estar bien limpios y secos.
  - No los llenes hasta arriba.
  - Ciérralos bien.
  - Ponlos en una cazuela grande llena de agua fría hasta cubrir totalmente los botes, al menos 3 cm por encima de las tapas.
  - Colócala en el fuego y mantenla durante 30 minutos desde que rompa a hervir.
  - Apaga el fuego y sácalos cuando el agua esté templada.

- Igualmente puedes intercambiar en el mismo frasco pimientos rojos y verdes: apreciarás unos matices de sabores que te gustarán.

PATATAS FRITAS

INGREDIENTES
**PARA 4 PERSONAS
(COMO GUARNICIÓN)**

4 patatas medianas

sal al gusto

1 cucharada de aceite de oliva
virgen extra

1. Pela las patatas, lávalas y sécalas con papel de cocina.

2. Córtalas en bastones lo más iguales posibles.
Ve echándolos en un cuenco.

3. Sécalas de nuevo con papel de cocina mientras las vas
removiendo en el propio cuenco.

4. Échales sal y 1 cucharada de aceite oliva virgen extra y
remueve bien.

5. Precalienta tu máquina a 200 °C durante 3 minutos.

6. Echa las patatas en la cesta, métela y programa 190 °C
durante 20 minutos.

7. Cuando lleves 10 minutos, detén la máquina, saca la cesta
y agítala un poco para que se suelten las patatas. Métela de
nuevo y continúa con el proceso. Dependiendo del tipo
de patata, puede llegar a hacer falta un total de entre 22 y
25 minutos.

CONSEJOS

- Para que la patata tenga un buen aspecto y esté crujiente
y rica, tiene que ser de la variedad agria —o cualquier otra
específica para freír—. Si empleas otras distintas, te quedarán estéticamente peor: muy blandas o muy tostadas
por las puntas. Aun así, las veo ricas como opción saludable para una guarnición.

- A esta receta le van muy bien las especias que más te gusten, añádelas junto con la sal.

- Si tienes en casa semolina, prueba a ponerles 1 cucharada
y remover. Comprobarás que se quedan aún más crujientes.

- También puedes usar patatas prefritas congeladas. En este
caso, el tiempo depende también del grosor de las que
compres; las venden finas o gruesas.

BROCHETAS DE RAPE Y TOMATES CHERRY

INGREDIENTES
PARA 5 BROCHETAS

2 cucharadas de aceite de oliva virgen extra

1 cucharada de pimentón dulce de la Vera

1 lomo de rape

sal

15 tomates *cherry*

1. Pon en un cuenco 2 cucharadas de aceite y el pimentón, y remueve.

2. Trocea el rape en dados, échales un poco de sal y añádelos al cuenco, mezcla y reserva.

3. Lava los tomates, sécalos y échales un poco de aceite de oliva virgen extra con un pulverizador de aceite.

4. Monta las brochetas alternando rape y tomates.

5. Precalienta la máquina a 200 °C durante 3 minutos.

6. Si tu freidora tiene un accesorio de rejilla, coloca las brochetas en ella. En caso contrario, ponlas directamente dentro de la cesta. Programa 190 °C durante 5 minutos.

7. Sirve inmediatamente.

CONSEJO

- Quedan muy ricas también con langostinos y alternando trozos de pimientos rojos y verdes.

HAMBURGUESA DE PESCADO

INGREDIENTES PARA 4 PERSONAS

PARA LAS HAMBURGUESAS

600 g de merluza o pescadilla congelada sin piel ni espinas

200 g de gambas arroceras

la miga de una rebanada de pan mojada en leche

una pizca de sal

½ diente de ajo

una pizca de perejil

½ cucharadita de aceite

PARA TERMINAR

lechugas variadas

1 tomate hermoso

4 cucharadas de mayonesa

4 panecillos de hamburguesa

1. Descongela la merluza con suficiente antelación.

2. Sécala bien con papel de cocina y pícala con la ayuda de una picadora o un robot, si tienes, o con un cuchillo bien afilado. Ponla en un cuenco.

3. Pela las gambas, pártelas por la mitad y agrégalas al cuenco.

4. Añade la miga de pan remojada en leche y la sal.

5. Pon el ajo en un mortero y machácalo. Añade el perejil y la media cucharadita de aceite, remueve y añádelo todo al cuenco. Remueve bien.

6. Dales forma a las hamburguesas. Te ayudará mucho tener un aro de emplatar: con la ayuda de una cuchara podrás darle forma y prensar bien el pescado.

7. Precalienta la freidora de aire a 200 °C durante 4 minutos.

8. Introduce las 4 hamburguesas con delicadeza y programa 190 °C durante 8 minutos. Dales la vuelta con cuidado y programa a la misma temperatura otros 8 minutos.

9. Parte los panecillos y tuéstalos ligeramente. Pon la hamburguesa en la base, cúbrela con lechugas variadas y unas rodajas de tomate, y termina con una cucharada generosa de mayonesa.

CONSEJOS

- Puedes hacerlas del pescado que quieras: de salmón quedan muy ricas.
- Le añado gambas arroceras, que están bien de precio, porque me parece que complementa muy bien al sabor de la pescadilla o la merluza.

SALMÓN A LA MOSTAZA

INGREDIENTES
PARA 4 PERSONAS

4 cucharadas de mostaza
   de Dijon

2 cucharadas de salsa de soja

1 cucharada de miel

4 lomos de salmón
   (mejor sin piel)

1. Pon la mostaza, la salsa de soja y la miel en un cuenco y mezcla bien.

2. Precalienta la freidora de aire a 200 °C durante 3 minutos.

3. Coloca los lomos de salmón con la zona donde tenía la piel hacia abajo sobre un plato y extiéndeles por encima la mezcla de mostaza, soja y miel.

4. Trasládalos a la cesta y cocina a 190 °C durante 10 minutos. El tiempo es aproximado, ya que depende mucho el grosor del pescado.

CONSEJO

- Yo lo he hecho de la manera más sencilla, apta para mis almas descarriadas de la cocina que tienen freidora de aire, pero este salmón queda igualmente muy bien en el microondas, haciéndolo dentro de unos estuches de silicona que venden para este uso. Estos estuches hacen que conserve toda la humedad. También puedes hacer un paquete con papel de hornear, una especie de papillote, con el que se obtienen resultados magníficos. Además, es posible poner dentro diferentes verduras que sean tiernas para que se hagan a la vez que el pescado para completar el plato.

ALITAS DE POLLO

**INGREDIENTES
PARA 4 PERSONAS**

1 kg de alitas de pollo

sal

½ limón

1. Trocea las alitas —se hacen mejor que enteras—: desecha la punta y separa en dos partes el resto.
2. Ponlas en un cuenco, échales el zumo de medio limón y la sal. Remueve y déjalas un rato macerando.
3. Precalienta la máquina a 200 °C durante 3 minutos.
4. Cocina a 195 °C durante 25 minutos. A mitad de ese tiempo, abre la cesta, mueve las alitas de posición y sigue con el programa. Cuando acabe el tiempo, comprueba que están doradas a tu gusto.

CONSEJOS

- En esta receta no pongo nada de aceite porque la propia piel de las alitas las hace jugosas. Lo que sí es cierto es que si le pones un poquito bien repartido antes de meterlas en la freidora, te quedará más al estilo pollo frito.
- Puedes pincelar tus alitas a media cocción con salsa barbacoa; te sorprenderán el sabor y el aspecto con el que quedan.
- Prueba si quieres con otras partes del pollo. Cuanto más iguales sean los trozos y más pequeños, mejor se harán. Las partes que tienen piel quedan muy bien porque protege la carne y queda más jugosa.

COSTILLAS DE CERDO SABOR BARBACOA

INGREDIENTES
PARA 4 PERSONAS

1 kg de costillas de cerdo en un trozo

una pizca de sal

1 cucharada de aceite de oliva virgen extra

4 cucharadas de salsa de barbacoa

PARA LA GUARNICIÓN

rúcula

canónigos

1 manzana

1. Divide las costillas en 4 raciones. Echa sal a los trozos de costillas y úntalas con el aceite de oliva virgen extra.

2. Mete las raciones de costillas de dos en dos en bolsas grandes de cierre zip, y sácales todo el aire que puedas. Ciérralas bien —esto es muy importante— y ponlas a cocer en una cazuela cubiertas de agua, a fuego muy muy lento —en una escala del 1 al 10, sería en un 2—, durante el tiempo necesario para que la carne quede hecha; puede llevarte tranquilamente unas 4 horas.

3. Saca la carne de las bolsas zip y pincela las costillas con salsa barbacoa con un pincel de silicona.

4. Precalienta la freidora de aire a 205 °C durante 3 minutos.

5. Mete las porciones en la cesta y cocina a 200 °C durante 6 minutos. Comprueba que están a tu gusto. Si te gustan más doradas, aumenta el tiempo en 2 minutos más.

6. Sirve con una ensalada de rúcula, canónigos y unas rodajas de manzana.

CONSEJO

- Si tienes envasadora al vacío, haz el proceso de cocción de la carne dentro de una bolsa sellada al vacío; te resultará aún más eficaz.

GALLETAS CON CHIPS DE CHOCOLATE

INGREDIENTES
PARA 20 UNIDADES

75 g de azúcar moreno

75 g de azúcar normal

60 g de mantequilla a
temperatura ambiente

1 huevo

170 g de harina normal

una pizca de sal

½ cucharadita de esencia
de vainilla

1 cucharadita de bicarbonato

75 g de pepitas de chocolate

1. Pon los azúcares y la mantequilla en un cuenco y mezcla con una varilla durante 5 minutos.

2. Añade el huevo y mezcla de nuevo.

3. Incorpora la harina tamizada, la pizca de sal, la esencia de vainilla y el bicarbonato, y remueve todo bien.

4. Añade las pepitas de chocolate y termina de mezclar unos minutos para que se unan todos los ingredientes.

5. Precalienta tu freidora de aire a 170 °C durante 3 minutos.

6. Forma bolas del tamaño de las pelotas de pimpón y ponlas sobre un papel de hornear del tamaño de la cesta. Tiene que haber espacio entre unas y otras, ya que se expanden bastante. Será necesario hacerlas en varias tandas.

7. Programa 170 °C durante unos 12 minutos. Deben quedar más bien blandas, porque al enfriarse se endurecen un poco. Según el tamaño, igual pueden necesitar 1 minuto más.

CONSEJOS

- Si no tienes bicarbonato, puedes sustituirlo por 1 cucharadita de levadura de repostería.
- Las galletas se conservan en una lata. Si te gustan muy blanditas, ponlas en un plato tapadas con plástico transparente.

AGRADECIMIENTOS

Gran parte de las recetas de este libro las aprendí a cocinar al lado de mi madre: siempre estamos mano a mano en la cocina y en la compra, con lo cual es para mí un honor ser su aprendiz más fiel.

A mi hija Sara, que me ha facilitado las recetas del cuscús, del pollo con soja y miel, y del Rocky Road que aparecen en este libro. De la familia, es a la que más le gusta la cocina internacional y una de sus frases quedará para la posteridad: «Mamá, ¡si es que soy un talento culinario!»

A mi hija Beatriz, porque es mi animadora número uno y en los momentos complicados de gestación de un libro siempre me ha dado fuerzas.

A mi amiga Paula, por sus acertados comentarios en las correcciones del libro y su compañía en el proceso de elaboración. Después de un día agotador de cocina, reconforta mucho que me pregunte: «Cuéntame, ¿cómo ha ido hoy?»

A mi marido, por tanto y por todo, cada día de mi vida.

Mucha de la información aportada en el capítulo del microondas se la debo a María Jesús Gil de Antuñano. Con ella aprendí un montón de trucos y recetas muy interesantes de este pequeño electrodoméstico.

Quería también agradecer a Miriam, del «Invitado de invierno» por la receta de su bacalao en microondas, que es fabulosa.

A nuestros colaboradores y amigos desde hace un montón de años, que preparan con todo el cariño del mundo sus productos para que podamos cocinar lo mejor de lo mejor: angelachu.es, lovelahuerta.com, frescoydelmar.com, joselito.com, elamasadero.com y iloveaceite.com

Y a lecuine.com, cucute.com y marialunarillos.com, por facilitarnos los mejores utensilios para nuestra cocina. Además de tener sus joyas en las páginas de este libro que tienes en tus manos, me hace muy feliz que nos honren con su amistad desde hace muchos años.

ÍNDICE DE RECETAS

COMPRA BIEN, CONSERVA
Y COCINA RICO 11
    Sofrito Julieta 33
    Pochado de verduras 36
    Caldo de pollo 38
    Fumet de pescado 40
    Bouquet garni 42
    Tomate frito 44

SIN GUISAR 55
    Paté de aceitunas negras 58
    Gazpacho 60
    Ensalada de escarola con vinagreta
        de frambuesa 62
    Tostada de aguacate, tomate
        y bonito 64
    Bagels de queso, salmón ahumado
        y rúcula 66
    Cremoso de yogur y mango 68
    Yogur helado de frambuesa 70
    Crema de chocolate y aguacate 72

A LA SARTÉN 75
    Verduras a la plancha 78
    Croquetas de jamón ibérico 80
    Tostada de revuelto de ajetes,
        espárragos y gambas 82
    Bocatín de cebolla caramelizada,
        pimientos rojos y anchoas 84
    Berenjenas rellenas de gambas 86
    Sartén de fideos con sepia
        y langostinos 88
    Garbanzos con tomate 90
    Pechugas Villeroy 92
    Tiras de cerdo con guarnición
        de champiñones 94
    Buñuelos de queso cremoso 96

EN CAZUELA 99
    Pan en cazuela 102
    Mejillones en salsa 104
    Sopa fácil de pescado 106
    Tallarines con carne guisada 108
    Pollo con soja y miel 110
    Cuscús con contramuslo de pollo
        y verduras 112
    Albóndigas en salsa 114
    Guiso de ternera 116

RECETAS FÁCILES PARA ALMAS DESCARRIADAS

EN OLLA EXPRÉS 119

   Espárragos al vapor con una
      vinagreta especial 122

   Crema resumen de verduras 124

   Coliflor con salsa Mornay 126

   Judías verdes estofadas 128

   Lentejas exprés 130

   Pollo escabechado 132

AL HORNO 134

   Pan de aceite 138

   Pastel de rape y langostinos 140

   Empanadillas de bonito 142

   Gratinado de verduras 144

   Pasteles fáciles de manzana 146

   Cortadillos de limón 148

   Magdalenas de zanahorias 150

   Bizcocho del tirón 152

   Granola 154

PARA MICROONDAS 157

   Patatas rellenas 160

   Sopa de fideos 162

   Espinacas crema 164

   Paté de berenjenas 166

   Bacalao al pilpil 168

   Manzanas asadas 170

   Tarta dulce de queso 172

   Rocky Road 174

PARA FREIDORA DE AIRE 177

   Sopa de cebolla y pan 180

   Pimientos de Padrón 182

   Champiñones gratinados 184

   Pimientos rojos asados 186

   Patatas fritas 188

   Brochetas de rape y tomates
      cherry 190

   Hamburguesa de pescado 192

   Salmón a la mostaza 194

   Alitas de pollo 196

   Costillas de cerdo sabor barbacoa 198

   Galletas con chips de chocolate 200

ÍNDICE DE INGREDIENTES

A

aceite, 14, 49, 50, 51, 58, 77, 88, 102, 192
  de girasol, 96
  de oliva arbequina, 20, 122
  de oliva cornicabra, 20
  de oliva hojiblanca, 20, 122
  de oliva picual, 20
  de oliva royal, 20, 122
  de oliva virgen extra, 20, 21, 32, 33, 36, 40, 44, 60, 62, 78, 80, 82, 84, 86, 90, 92, 94, 104, 106, 108, 110, 112, 114, 116, 124, 128, 130, 132, 138, 140, 142, 144, 150, 154, 166, 168, 180, 182, 186, 188, 190, 198
  de oliva virgen extra suave, 20, 122, 152
aceitunas, 24
  negras, 58, 138
  verdes, 142
acelgas, 17, 25
agua, 8, 38, 40, 44, 50, 51, 60, 90, 94, 102, 104, 108, 110, 114, 120, 124, 128, 130, 132, 138, 140, 154, 166, 180
  mineral natural con gas, 116
aguacate, 17, 29, 30, 52, 64, 66, 72
ajetes, 82
ajo, 33, 52, 60, 84, 88, 94, 104, 106, 110, 112, 114, 126, 128, 168, 180, 192
  en polvo, 112
albahaca, 108
albaricoque deshidratado (orejones), 154
alcachofa, 17
alcaparras, 66
almejas, 48
almendras crudas, 114

alubias, 23
amapola, semillas de, 154
anchoas, 58, 64, 84
anís dulce seco, 170
apio, 38, 42, 116
  hoja de, 90
arroz, 22, 24, 34, 40, 44, 82, 101
  basmati, 110
  bomba, 22, 32
  harina de, 23
avellanas, 154, 159, 164
avena
  bebida de, 164
  copos de, 154
azúcar, 21, 24 , 33, 36, 44, 51, 128, 146, 148, 150, 152, 170, 200
  glas, 8, 24, 51, 70, 148
  moreno, 24, 72, 84, 96, 200

B

bacalao desalado, 168
bebidas vegetales, 25, 48
  de avena, 164
  de soja, 164
bechamel, 22, 24, 92, 164
berenjena, 17, 78, 86, 166
bicarbonato, 90, 200
bonito del norte en conserva, 24, 64, 142
bouquet garni, 32, 42
brandi, 104, 106
brócoli, 17, 124

C

cacahuetes tostados, 174
cacao, 172
  en polvo sin azúcar, 72, 152
calabacín, 16, 26, 36, 78, 124
calabaza, 30,
  semillas de, 154
calamar, 40

en conserva, 25
caldo, 22-24, 32, 40, 47-51, 53, 90, 104, 112, 116, 128, 130, 132
  de cocido, 26, 80
  de gallina, 46
  de pollo, 32, 38, 112, 114, 162, 180
  en cubito, 110
canela, 24, 146, 154
canónigos, 64, 198
cayena, 104
cebolla, 24, 28, 32, 33, 36, 38, 40, 49, 52, 64, 78, 80, 84, 68, 88, 94, 104, 106, 110, 112, 114, 116, 124, 130, 132, 142, 180
  caramelizada, 84
  chalota, 116
  frita crujiente, 184
  morada, 62
  tierna, 58, 60, 90, 122, 128, 166
cebolleta, 28, 53, 66, 140
cebollino, 166
cerdo, 50, 137; véase también jamón
  chistorra, 50
  costillas, 26, 198
  lacón, 26, 160
  longaniza fresca de Joselito, 130
  morcilla, 23
  morcillo, 26, 49, 116
  papada, 114
  secreto ibérico, 21, 23, 94
  chorizo, 23, 50
chalota, 116
champiñones, 94, 179, 184
  tipo Portobello, 116
chipotle en polvo, 112
chistorra, 50
chorizo, 23, 50
chocolate, 8, 22, 68, 152, 172
  blanco, 174

con leche, 174
negro, 72, 174
pepitas de, 70, 154, 200
coco rallado, 148, 158
coliflor, 17, 126
comino, 166
concentrado
de tomate, 110
de verduras, 124
cuscús, 101, 112, 203

E
emmental, queso, 126
empanadillas, obleas para, 142
encurtidos vegetales, 24
eneldo, 42
escarola, 62
espárragos
blancos en conserva, 24, 48
verdes, 82, 122
espinacas frescas, 164

F
fideos, 22, 26, 40
de cabello de ángel, 162
del n.º 2, 106
gruesos del n.º 4, 88
frambuesas, 70, 154, 170
mermelada de, 62
fumet de pescado, 26, 32, 40,
88, 106

G
galletas Digestive®
gambas, 86, 106
arroceras, 26, 82, 192
garbanzos cocidos, 23, 38, 90
girasol
aceite de, 96, 150
semillas de, 154
gluten, 8
granada, 62
granola, 154, 170
con pepitas de chocolate, 68
guindilla
cayena, 104
seca, 168
guisantes, 124
congelados, 26
en conserva, 24

H
harina, 14, 23, 36, 80, 86, 92, 94,
96, 104, 110, 114, 116, 126, 132,
146, 148, 150, 152, 164, 200
bizcochona, 23
de fuerza, 8, 22
floja, 9, 22
integral, 22
maicena, 22, 172
panadera, 9, 102, 138
para fritura, 23
hielo en cubitos, 60
hierbabuena, 170
higos deshidratados, 154
huesos, 38, 46, 49
de jamón, 26, 38, 49
de rape, 40
de ternera, 26, 38, 49
huevo, 17, 27, 50, 80, 82, 92, 96,
112, 140, 146, 148, 150, 152,
158, 172, 180, 184, 200
cocido, 24, 52, 64, 66, 122,
142, 162
clara de huevo cocido, 114
yema de, 126, 144, 160

J
jamón, 128
cocido, 26, 160
hueso de, 26, 38, 49
ibérico, 48, 60, 80, 92, 180,
184
polvo de, 48
serrano, 48
judías, 26, *veáse también*
alubias
verdes, 17, 25, 38, 53, 120,
124, 128

L
lacón, 26, 160
langostinos, 88, 140, 179, 190
laurel, 24, 42, 104, 114, 130, 132,
140
leche, 17, 25, 36, 80, 92, 114,
126, 142, 164, 172, 192
entera, 86, 150, 152
semidesnatada, 126, 164
vegetal, *véase* bebida de
lechuga, 8, 17, 52, 92, 192

legumbres, 23, 25, 50, 53, 130;
véase también alubias,
garbanzos, lentejas
lentejas, 24, 34, 130
levadura, 23
de repostería, 148, 200
fresca de panadero, 102, 138
química, 96, 146, 150, 152
limón, 29
ralladura de, 150, 152
zumo de, 30, 64, 122, 124,
146, 148, 166, 196
lima, zumo de, 122
lino, semillas de, 154
longaniza fresca de Joselito,
130

M
maicena, 22, 172
maíz en conserva, 24
mango, 68
mantequilla, 17, 51, 80, 92, 126,
140, 146, 148, 152, 158, 164,
170, 174, 200
manzana, 29, 68, 146, 170, 198
deshidratada, 154
mayonesa, 20, 21, 24, 66, 140,
192
mejillones, 25, 48, 101, 104,
106
melocotón, 25
menta fresca, 72
merluza, 13, 26, 40, 140, 179,
192
miel, 21, 68, 72, 110, 122, 154,
174, 194, 203
morcilla, 23
morcillo, 26, 49, 116
mostaza de Dijon, 194
mozzarella para gratinar, 144

N
naranja, 14, 29
nata, 51, 124
con más del 35 % de materia
grasa, 9, 72, 140
líquida, 72, 160
nubes, 174
nueces, 62, 154, 174
nuez moscada, 24, 92, 126, 164

O

obleas para empanadillas, 142
oliva, tipos de aceite de, 20
orégano, 24, 90
orejones, 159

P

pan, 9, 22, 27, 58, 60, 64, 82, 84,
    101, 102, 138, 179, 180
    bagels, 57, 66
    biscotes, 58
    de hogaza, 64, 82
    de molde, 124
    de pueblo, 180
    frito, 162
    miga de, 114, 192
    panecillos, 84
    panecillos de hamburguesa,
        27, 192
    rallado, 23, 49, 80, 92
pasas, 154, 159
pasta, 19, 20, 22, 26, 36, 44, 47,
    48
    fideos, 22, 26, 40
    fideos de cabello de ángel,
        162
    fideos del n.º2, 106
    fideos gruesos del n.º 4, 88
    tallarines, 108
patata, 27, 28, 29, 32, 38, 49-52,
    116, 122, 130, 144, 158, 160,
    166, 179, 188
pepinillo, 66
pepino, 60
perejil, 40, 42, 94, 112, 114, 116,
    168, 192
pescadilla, 26, 192
pimentón, 20, 88
    ahumado, 110
    de la Vera, 24, 130, 190
    dulce, 33, 104, 114, 166
    picante, 112,
pimienta, 20, 64, 82, 86, 92,
    112, 114, 116, 140, 164
    molida, 58, 110, 132, 144, 160
pimiento
    de Padrón, 184
    de piquillo de Lodosa, 24
    rojo, 33, 36, 84, 112

verde italiano, 60
piña, 25
piñones, 62, 164
pistachos, 159, 174
plátano, 29, 70, 154
pollo, 64, 101, 132, 137, 144,
    203
    alitas, 179, 196,
    caldo de, 32, 38, 112, 114, 162,
        180
    carcasa de, 38, 49
    contramuslos, 26, 112
    escabechado, 132
    pechuga, 26, 27, 92, 110
puerro, 16, 33, 36, 38, 40, 42,
    49, 86, 90, 114, 124, 128, 130

Q

queso, 14, 47, 53, 158, 164
    cremoso, 58, 66, 124, 184
    para fundir, 160
    para gratinar, 86, 184
    emmental, 126
    manchego curado, 27
    quark, 96, 172

R

rape, 106, 140, 190
    huesos de, 40
remolacha, 60
repollo, 17
romero, 24, 108, 132
rúcula, 66, 198

S

sal, 9, 20, 21, 33, 36, 38, 40, 44,
    49, 60, 64, 78, 80, 82, 84, 86,
    88, 90, 92, 94, 96, 102, 104,
    106, 108, 110, 112, 114, 116,
    122, 126, 128, 130, 132, 140,
    144, 148, 150, 158, 160, 164,
    166, 168, 180, 186, 188, 190,
    192, 196, 198, 200
    en escamas, 9, 22, 62, 138,
        154, 182
    fina yodada, 21
    gruesa, 182
salmón, 20, 64, 179, 192, 194
    ahumado, 66

salsa
    barbacoa, 196, 198
    de soja, 110, 194
    Mornay, 126
    rosa, 140
    Sriracha, 110
    tártara, 66
sandía, 60
sardinas en conserva, 25
sepia, 26, 40, 50, 88
sésamo, semillas de, 154

T

tallarines, 108
ternera, carne de, 50, 108, 114,
    116, 137
tomate, 24, 36, 110, 112, 192
    cherry, 64, 78, 92, 108, 190
    concentrado de, 110
    frito, 32, 44, 104, 142
    frito casero, 26, 47, 86, 90,
        140
    maduro, 44, 60, 86, 106, 122,
        130, 186
    pera, 32, 44, 128
    triturado, 32, 88
tomillo, 24, 42, 132
tostadas, 44, 64, 140

V

vainilla, 154
    esencia de, 96, 172, 200
    semillas de, 152
verdura congelada, 26
vinagre, 21, 60, 116, 120, 124
    de Jerez, 21, 132
    balsámico de Módena, 21, 62
vino
    blanco, 114, 116, 128,
    Pedro Ximénez, 94

Y

yogur, 27, 170
    natural, 68, 146
    griego, 70

Z

zanahoria, 16, 40, 49, 62, 78,
    112, 130, 132, 150